LOCUS

LOCUS

LOCUS

LOCUS

Smile, please

召喚財富的思維

WEALTHINKING

崔凱莉

(Kelly Choi)

著

陳宜慧 譯

本書獻給讓我明白自己是如此耀眼的親愛夥伴
傑洛姆・卡斯廷（Jerome Castaing）

推薦序

「如果想成為富豪，
就要領會富豪的想法。」

　　我第一次見到 Kelly 和她的先生傑洛姆是在他們夫妻位於大型超市的賣場前。當時，我很好奇首次突破被稱為銅牆鐵壁的法國最大超市 C 公司的她們是什麼樣的人。我最想知道的是他們究竟有什麼特殊之處，讓 C 公司決定給予他們賣場經營權。

　　我一見到 Kelly 夫婦，馬上就明白為什麼世界最強的經營團隊允許他們加入。Kelly 富有創新和挑戰精神，且總是很有自信，她的字典裡似乎沒有不行兩個字。她希望實踐自己學到的東西，並努力將世界建設得更宜居。後來我才知道，那才是真正的致富基礎，也就是召喚財富的思維「Wealthinking」。

　　我希望以「Wealthinking」做出貢獻的她也能繼續在新挑

戰取得成就。最重要的是，我也期望在她曾經困頓到有尋死念頭時，扶起她的這個工具能為讀者們帶來力量。如果你想成為富翁，我建議你領會富翁的想法，因為只有在該領域取得成功的人才能傳達有意義的資訊。

你想致富嗎？那麼請按照 Kelly 領悟到的東西和親自實踐的經驗去做吧！她在本書中介紹的資訊將引導你走向你所嚮往的財富世界。

丹尼斯·亨納奎（Denis Hennequin）

前歐洲麥當勞 CEO，現為法國食品資本共同創業者

推薦序
「如何獲得創造財富的鑰匙？」

　　我想起之前我與作者見面討論財富的情景，當時我們就如何將我的孩子培養成富豪進行深度的交流，她也幫助我的女兒加入青少年基金會。我和作者產生共鳴的部分是，想要致富，應徹底擺脫原本的思維，開啟人生的新篇章。那麼，我們該如何獲得開啟新篇章的財富鑰匙呢？

　　首先，令我擔心的是現在的韓國正走往反方向。從個人生活來看，許多人對資本主義的概念、股票和房地產的投資等有根深蒂固的錯誤偏見。可以肯定的是，如果再繼續這樣下去，很多人會遭受痛苦。

　　如果想擺脫這種狀況，每個人都要努力成為成熟的富人，起點在於把貧窮的思維轉化為富有的價值觀。為什麼韓國無法建立像特斯拉那樣的企業？因為大家教養孩子，並且讓孩子課後補習的目的都只是為了找到穩定的工作。

我們應該要像作者一樣，先專注成為自己喜歡領域中的佼佼者，再以此為跳板創業並經營自己的事業。我們的孩子其實生在一個可以致富的世界裡，但是我們的思維需要改變，而這本書能為此提供很大的幫助。

　　請讀者們不要覺得自己都什麼年紀了還想成為富翁，還來的及。新冠疫情讓我們的生活劇變，人只有在遇到痛苦時才會下定決心改變。然而，只改變一個想法並不難，尤其是這個想法是他人經歷困難後告訴你的真理，你會怎麼做呢？

　　富豪們為了致富，最先做的嘗試是改變自己的思維，成功實現願望的富豪們不會執著於原本的想法，只要判斷可行，就會立即行動。我相信這本書對想要擺脫經濟困難的人來說會是一大希望。

John Lee（존 리）

Meritz Asset Management 代表理事、

《John Lee 脫離金融文盲法則》（존리의 금융문맹 탈출）作者

前言
「我必須踏出第一步，才能發現新的道路！」

「喔？這是什麼？」

我在海上悠閒地睡午覺，睜開眼睛發現有個留長鬍子的傢伙張著大眼睛直直盯著我，我當時心想：「這傢伙也太沒禮貌了吧！他幾乎都要碰到我的鼻尖了！」後來定睛一看，發現是隻從船頂的小窗戶往下看我的海獅！「難道他是想互碰鼻子嗎？」這是我們家經常上演的戲碼，我家的大塊頭老公也常對女兒說：「鼻子親親！」

想親我鼻子的海獅把家人也帶來了，連續幾天都在我們船上度過。牠們把屁股移到我們吃飯的桌子上，就像來旅行一樣，完全沒有要回到大海的意思。

當時我正和家人一起搭乘遊艇環遊世界，來到了被稱為鳥類和海洋動物樂園的東太平洋加拉巴哥群島。我們駕船駛

過歐洲、加勒比海、南美洲以及多數飛機無法到達的島嶼後來到這裡。在遊歷群島的過程中，我充分感受到大自然的雄偉和神奇，並且看到了許多稀有的動物，這是大自然給我的大禮。

來到加拉巴哥之前，我代替熟睡的家人獨自在夜海中守護著船，好像世界上只剩下大海、天空和我。那一瞬間，數百道光照亮漆黑的大海，飛快地從我身邊掠過。剛開始我不知道這神秘的景象是什麼，靠近一看發現是一群如同滿月般的水母群發出螢光，漂浮在海面上。這是我在海上看到的美麗場景之一。

有時，許多海豚會守在我們身邊，偶爾我則與巨大的魟魚群或鯊魚群一起悠哉地游泳。當時的我看到了之前的人生中看不到的真正美麗。宇宙和大海原來是如此地美！這美麗的真面目是什麼？我因為這份美麗而滿溢胸口的情緒又是什麼？在搭乘遊艇到世界各地旅行的期間，我收到的禮物是讓我更深刻體認到我與家人是宇宙中的一部分。從這極緻的和諧中流出的平靜和安心，使我內心的自卑和欲望殘渣融化在宇宙的星光中。

天空星光燦爛。雖然每個人都很孤獨，但卻似乎都聯繫在一起。某天不知哪來的風吹起海浪，推著遊艇前進，當時

沒有人指引我新的路，只有默默跟在遊艇旁的海豚，以及垂在頭頂，發出明亮光芒的星星。然而，在茫茫大海中與大自然的相遇觸動了我的心，我突然領悟到自己要走的新路！

我出生地方貧農，是土湯匙中的土湯匙。父母每天都忙得不可開交，艱辛地撫養我們六兄妹。我從小看到的是每天都像牛一樣辛勤工作，卻常常要擔心下一餐和孩子養育費的農夫生活。我因為沒錢讀高中日間部，所以只好白天在工廠工作，晚上到高中夜間部學習。然而，因為我有閱讀障礙，所以成績一直在谷底徘徊。成年後偶然創業，但是卻背了十億韓圜的債務，當時我已經三十多歲了，那些日子我常常想著自己還有什麼希望呢？不如死掉算了。

然而，我沒有放棄我的人生，我下定決心要為了我的母親活下去。為了拋棄以前的我，重生為新人，我誠實地承認了痛心的事實，那就是我的實力不足。我開始學習與我有相似背景，卻克服失敗，最後取得成功的一千名富翁。我逐一模仿並完全領會了富人們的思維方式。結果，我僅用五年就實現了我的目標，從背負十億韓圜債務，差點跳巴黎塞納河自殺的失敗者，變身為創造六千個工作機會，在 12 個國家擁有三十多個事業和子公司的跨國企業會長。

讓我實現這些目標的是富（Wealth）的想法（Thinking），

也就是召喚財富的思維（Wealthinking）。我當時相信，如果照著富豪們的思維去做，我也能成功。我憑著這個信念親身實踐的結果是，五年後我就擁有過去即使工作一百年也無法獲得的巨大財富。

雖然大部分人都希望成為富翁，但是無法成功的原因是因為不知道富人們的工具為何。想出海的人，即使不分晝夜練習駕駛汽車，就有辦法出海嗎？僅憑著傲氣和銳氣帶著駕駛汽車的知識出航，有什麼意義呢？只要努力工作就能致富的話，我的父母應該比世界上任何人都先變有錢。要想成為富翁，就要學習成為富翁的方法，要想賺大錢，就必須學習賺大錢的方法。

本書是為了想理解並體會致富思維根源的人所寫。富人的思維和窮人的思維雖然都是驅使人的動力，但是方向卻完全相反。窮人的思維會把人鎖在過去，富人的思維則引領人走向現在和未來，所以窮人的思維會限制你的人生，讓你被高牆擋住，富人的思維則能拓展你的人生，打碎你眼前的高牆。

限制你人生的高牆是從你對世界、他人和自己的信任中產生的刻板印象。富人擁有打碎這三面高牆的思維，你也應該像我一樣，打破這三道壁壘，豐富你的人生。從這個意義

上來看，我可以堅定地說，從人生底層拯救我的是富人召喚財富的思維。

我親身體會了富人的思考方式、習慣、對金錢的態度、賺錢的法則等撼動我人生根基的富豪思維根源，我認真學習並實踐了這些方法，同時希望傳達給迫切想達成夢想的大家。

多數人往往只看結果判斷一切，並且容易輕易放棄。然而，如果你想將產出財富的根完全變成自己的，就不能隨意放棄。因為只要富豪的思維真正在我們心中扎根，我們就能過上永不被動搖的成功生活。我相信本書對想要成功、實現財富自由，以及希望成為富人的大家帶來很大的幫助。我也希望本書能成為真心希望成功的人們解決渴求的綠洲。

藉由這本書往你期盼的生活前進吧！

有錢人不總是別人，現在該輪到你了！

崔凱莉 Kelly Choi

目錄

第一部：人生谷底萌芽的財富種子

第二部：召喚財富的思維「Wealthinking」

第一部
———

人生谷底萌芽的
財富種子

從她的死開始

　　漢城實業，我的第一份工作，也是我 16 歲時的工作場所和家。

　　當時我從全北井邑坐公車，傍晚抵達首爾踏十里。那是我生平第一次坐公車，所以因為暈車而精神恍惚。抵達目的地後，我們一群國中剛畢業的少女們一窩蜂地下公車，從明天開始就會成為女工的這群少女在某人的引導下走向陌生的建築物。

　　整棟都是宿舍的單層建築物內，隔著狹窄的走廊有十多個房間，少女們四處尋找各自居住的房間，眼神中夾雜著不安和期待。我走進房間，看見數個三層鐵製床鋪，說得好聽點是床，但也只是塊支撐背部的木板，跟躺在堅硬的地板上沒有兩樣。

　　床寬 1.1 公尺，長 1.8 公尺左右，上下舖的高度只有 80 公分，坐在床上頭就快要碰到上鋪了。我們每個人的空間就

只有這麼大。

每間房間有 12 張鐵製床，36 名少女全部進入房間後將如膠囊般的小房間擠得水洩不通。無論喜不喜歡，小女工們都要過著像被關在雞窩裡的生活。這對當時的我來說是陌生的風景。

我把帶來的衣服放在床上，理所當然地認為工廠已經幫我們備好了基本的生活必需品，但是不僅沒有被子，連毛巾、臉盆、香皂、牙刷牙膏等盥洗用品也都要自己準備。最大的問題還是棉被，雖然整個房間都有暖氣，但是我們仍然很難在沒有被子的情況下戰勝 12 月的嚴寒。床上連枕頭都沒有，我只好把幾件衣服疊在一起，才勉強支撐著頭。

獨自離開故鄉的第一天晚上，我好害怕，一直睡不著，也非常想念媽媽。我從小就愛哭，如果起床後沒看到媽媽，我就會到田裡，確認她在工作後我才停止哭泣。沒有媽媽的夜晚是如此可怕，即便如此，我也不可能再回故鄉了。

也許是因為大家都累壞了，房間四處傳來了磨牙和打鼾聲。夜深人靜，寒氣逼人，我像剛出生的孩子般蜷縮著身體度過漫長的夜晚。當時我幼小的心裡懷著對父母的恨意：「為什麼要生下我？」冷得睡不著的我覺得自己是世界上最不幸的人。

第二天，我急忙買了牙膏、牙刷和肥皂。我身上只有七千韓圜，別說被子和枕頭了，我連臉盆都買不起。

　　拿第一份工資的前幾天，有人來工廠找我。是我的姊姊和哥哥。在比當時的我還要更小的年紀就被送來首爾受苦的哥哥姊姊一看到我就抱住我。哥哥姊姊聽說我被送到踏十里玫瑰劇場附近的襯衫工廠，所以每天休息時都到這附近找我，直到現在才找到我。他們說了聲對不起，並流下了眼淚。看到在鄉下很難見到的哥哥姊姊，我也喜極而泣。

　　過去即使整天在一起也只會說幾句話的冷漠哥哥也紅了眼睛，淚水在他的眼眶打轉。直到那時，我才明白有兄弟姊妹是這麼好的事，那天的我真的很幸福、很感激，也很開心。比我先獨立的哥哥姊姊看起來是世界上最帥的。

　　第一次到工廠工作的我真的很害怕。來到首爾前，我真心相信農村大人們流傳的一句話：「在首爾，一閉上眼睛東西就會被偷走」。所以我總是緊張地張大眼睛。這是一種生存意志，也是「任何東西都絕對不能被搶走」的執著。不只是我，這裡的其他小女工們心情也都和我一樣。我在如此不安的狀態下和哥哥姊姊見面，那時的心情是言語難以形容的。

　　「你需要什麼東西嗎？」

　　「姊姊，買被子、枕頭和臉盆給我吧！」

聽到這句話，姊姊流著淚看著我說：「真的很抱歉沒能早點找到你。」看到姊姊的眼淚，我再次流下了淚水。姊姊覺得連棉被都沒有，必須忍受寒冷的我實在太可憐了，所以無法控制自己的情緒。那天晚上，來到首爾近一個月後，我終於可以蓋上被子好好睡覺。我每天凌晨就必須起床工作一整天，上完夜校的課，直到晚上 12 點多才能睡覺，所以長期睡眠不足。來到工廠後，那是我第一次能好好睡覺，不再被打呼、磨牙聲，或任何聲音干擾。哥哥姊姊買給我的棉被成了我堅實的後盾。

　　雖然剛開始在工廠工作很累，但我和其他女工不同，我的哥哥姊姊離我很近，所以我很快就適應了工廠的生活。在工廠裡的生活其實還算不錯，雖然當時我的薪資只有六到七萬韓圜左右，但是我並不是為了賺錢而選擇漢城實業，而是看上公司會把像我一樣貧窮但想繼續讀書的女孩們送到夜間部，所以沒有加班這一點。雖然工廠的工作並不容易，但是我並沒有累到要死，也因為有這份工作，我才能在宿舍吃住並上學。能去學校學習對我來說是最重要的。

　　工廠的工作從早上八點開始，下午五點結束。如果想在八點準時上工，最晚也要在一小時前起床洗漱並吃早餐。無論是早晨還是晚上，盥洗室都像戰場一樣。為數不多的水龍

頭前總有兩三百人等著盥洗，所以大家都必須快速完成。如果勤勞一點，其實可以更早起床，這樣就能悠哉地洗臉刷牙並吃早餐，但是大家都睡眠不足，所以多半都睡到最後一刻，因此盥洗室總是一片混亂。

學校是下午六點開始上課。下午五點結束工作後，雖然看起來有一個小時的空檔，但是從工廠到學校要花三十多分鐘。工作結束後我們的頭髮和衣服總是充滿灰塵，所以我們必須在二十分鐘內換衣服、洗澡、收拾書包，並吃晚飯。因此，一到五點，所有的女孩子就會爭先恐後奔向盥洗室、餐廳和宿舍。現在回想起來，這是令人心酸的事，但是當時我連這個都覺得開心。

第二年的晚冬，五點三十分，我像往常一樣在工廠前排隊等待接送我們到學校的公車。那天我早早上了公車後，看到有人提著笨重的裙襬跑向公車，我用衣袖擦拭車窗上的霧氣，仔細看了看，是我最要好的朋友英淑（化名）手裡拿著白米蒸糕和牛奶慌慌張張地跑過來。

英淑最喜歡像白雪般的白米蒸糕，那天不知是因為工作結束得晚，還是排隊洗漱的隊伍太長，所以她沒能吃晚飯。但是比起吃飯，她更喜歡上學。聚集在這裡的我們，無論成

績好還是不好，都真正熱愛學習。英淑氣喘吁吁地跑上公車，向坐在前排的我打招呼後，迅速向後走。

那天，小女工英淑沒能下公車。公車抵達學校時，她已經死了。原因是她吃白米蒸糕時吃得太急，所以噎住了。如果是在現代，多數人都知道有人噎住時，應該從後面抱住他，刺激橫膈膜，讓噎住的人吐出異物，但是當時沒有人知道這種知識。公車後面傳來了朋友們的哭聲，在沒有得到急救的情況下，我的朋友英淑變成了冰冷的屍體。

英淑和我，以及其他幾個同學就和家人沒什麼兩樣。我們懷著要活下去的信念離開故鄉，像家人般彼此照顧。我們的家境都差不多，但英淑的家境尤其困難。儘管如此，英淑沒有自怨自艾，非常開朗，是我們當中最努力學習的人。連吃飯的時間都不夠，好不容易擠進公車的她，因為白米蒸糕失去了生命，還有許多夢想的她該有多想活下去，如果她知道自己死了該有多委屈。那天，學校裡一片哭聲，老師們也哭得很傷心，連拿書上課的力氣都沒有。

四十多歲的中年班導師和我們的爸爸差不多大，他有著年紀和我們相仿的孩子，看著從早晨工作到晚，深夜還要來學校上課的我們，他總是心痛不已。因此，有時我們上課打瞌睡他也不生氣，反而猶豫要不要叫醒我們。叫醒睡著的同

學時，他也擔心傷到學生們敏感的自尊心，總是輕聲提醒同學們安靜地洗把臉再回來上課。那樣為我們著想的老師在英淑離開的那天哭個不停，看到老師這個樣子，我們更加心痛得無法停止哭泣。

英淑走了之後，我一直提不起精神，我無法在最好的朋友死後還能在工廠裡若無其事地工作。但是在產線上，如果我鬆懈了，其他女工就會受害，所以我無論如何都必須打起精神。如果我跟上產線的速度，我就能暫時遠離我連作夢都會夢到的英淑。小女工們連悲傷的時間都沒有，這讓我感到悲哀。

然而，每天下午五點工作結束後，我對英淑的思念總會不斷襲來，無論是坐在前往學校的公車上，還是在上課的教室裡，我的眼淚都停不下來。我在心裡哭喊：「與其這樣活著，並且不明不白地死去，還不如不要出生。」我想起和英淑一起度過的某個午餐時間。

那天午餐時間一到，我們一如往常急忙奔向餐廳，因為這樣才有辦法吃到自己想吃的菜，並佔到好位置。我和英淑手牽著手站在餐檯前，氣喘吁吁地拿出凹凸不平的不銹鋼餐盤，請阿姨們盛飯、湯和小菜。

「哇，是黑輪，有黑輪耶！」

英淑興奮地拍打我的背。

「阿姨，請多給我一點黑輪吧！」

　　她和我拿著盛滿黑輪的餐盤，坐在離出入口最近的桌子。只是得到了更多自己喜歡的黑輪而已，我們就興奮得像要飛起來一樣。坐在出入口旁的我們快速吃完午餐，只為了能有多一點的休息時間。這是運氣很好的一天，我們僅僅因為一塊黑輪，和多幾分鐘的休息就感到幸福。我們不知道有比這更美味的食物以及更好的生活。我更沒想到，這是我們最後一次像這樣一起吃飯。

　　她死後，我每天都無法入眠，儘管像過去一樣躺在床上，但是我總是翻來覆去，直到宿舍旁邊教會的鐘聲響起。我失了魂般跟著大家一起去教會，含糊地唱著讚美歌，眼淚不斷滴落，直到禮拜結束，我的哭聲都沒有停過。上帝為什麼給我們這種試煉，為什麼讓可憐的女孩們受苦。我在心中不斷哭喊著。哭到疲憊後，我的心逐漸平靜下來，在那瞬間，我的心中湧出了「我要離開這裡」的聲音。當時的我下定決心

要馬上離開工廠。

雖然我還不知道離開後該如何生活，但是我決心離開的理由不言而喻，我不是為了這樣活著才出生的，我想讓留下遺憾、早一步離開的朋友英淑看到更好的世界。離開工廠的那天，我把英淑埋在心裡，決心連她的份一起努力生活。

幾十年後的今天，我偶爾還會想起英淑，或是名字已經模糊的漢城實業朋友們。即使已經累了，只要想到那些朋友，我就能再次湧出能量，因為我想連她們的份一起活著。雖然沒有人推派我，但是我告訴自己，我要代表在漢城實業上班上學的朋友們，努力過好生活。在我處在人生最底層的時候，因為最珍貴的朋友之死所得到的領悟成了我人生中最寶貴的種子！

「儘管我們都撕心裂肺，儘管我很窮，但是我一定會做到，我一定會讓世人知道，我們可以做到任何事，可以成為自己想成為的人。」

對某人來說依然珍貴的存在

　　我在六兄妹中排行第五。我父親的手曾發生意外,所以有一隻手總是伸不直。如果發生意外的當下馬上去醫院,應該會好一些,但是後來狀況並不理想。父親當時為了止血緊壓著手並忍耐著,但是手臂就這樣再也伸不直了。

　　後來即使他們夫妻倆一起外出工作,父親也幾乎做不了事,所以生活拮据是理所當然的。母親一個人拼命工作,連男人都覺得辛苦的果園工作也不辭辛勞,但是仍不足以養活我們六兄妹。我上面的三個姊姊連小學都沒畢業就早早離開家鄉討生活。

　　鄉下的大家生活都差不多苦,所以小時候的我沒有意識到貧窮,也沒想過自己是不幸的,我每天都到山上或田裡遊蕩,玩得不亦樂乎。我的身邊沒有努力學習的人,我也將學習拋在腦後,所以成績常常在倒數徘徊。我甚至從沒寫完回家作業。對於這樣的我,父母沒說過什麼,我也很晚才發現

自己患有閱讀障礙，並因此更加討厭學習。

這樣的我國中畢業後還是想上高中，但是父母認為，如果只能讓一個孩子繼續升學，那就得是哥哥。在當時的社會，大家都很難維持生計，所以不可能把所有的孩子都送到學校，因此只支援將來要成為家族棟樑的長子是理所當然，也是最務實的方案。那是我有生以來第一次埋怨父母，也是身為女人的我首次感受到歧視。然而在那樣的時代，每個家庭都是如此。

但是哥哥自己放棄讀高中。而我則在聽聞即使沒錢也可以上工廠附設的夜間高中後，決定到生產襯衫的漢城實業就職。我當時和母親說：「我想白天去工廠上，晚上到夜間高中上課。」母親當時卻什麼話也沒說。我又問了一遍。

「媽媽，你覺得怎麼樣？」

「你是想清楚了才決定的，媽媽相信你會做得很好。」

母親輕輕地拍著我的背。我每次向母親說新的決定時，她總是說：「我相信你自己會做出好決定，也相信妳能做好。」母親每次說的話都一樣，不僅沒有阻止我做出任何決定，甚至也沒要我重新考慮。對子女那麼信任的母親讓我不論做什麼都不輕易氣餒。

離開家鄉的前一天，母親緊握著我的手，強忍著淚水，

一時說不出話來。送走子女的媽媽，哪個會不想哭呢？母親已經送了許多孩子離開，我是第五個，如果每次都哭的話，她的心不知要破碎幾次。

「凱莉阿，妳開始工作後會覺得很累很辛苦，生活過一段時間後，妳會發現每個明天都會比今天更艱辛，所以無論如何也別想依賴別人，即使是兄弟姊妹之間也會分你我，妳要努力獨立，才能好好生活。」

母親的一生究竟受了多少苦，才會覺得明天只會更辛苦？我的心情很沉重。

「媽媽，妳很擔心嗎？別擔心。」

媽媽惆悵地笑著，用粗糙的手摸著我的手背。

「媽媽，別擔心，俗話說溪溝裡也會出飛龍*，我一定會成功的，讓媽媽想做什麼就做什麼。」

我想稍微安慰一下受苦的母親。她默默地點了點頭，收下了我豪邁的保證。

「媽媽妳想吃什麼？等我賺了很多錢，我都買給妳。」

聽到年幼的女兒說出這樣的豪言壯語，母親這才露出了微笑。

_____

* 譯註：韓國諺語，意思是在卑微的家庭裡也會出現優秀的人。

「我啊，我的願望是可以盡情吃一籃雞蛋和又甜又水的桃子。」

「我知道了，媽媽，一個籃子算什麼，我會讓你吃一輩子，吃到膩。」

母親這次沒說話，只是點了點頭。那天晚上，母親緊握著我的手睡著了。第二天，我抱著一包衣服離開了家。

我是為了成功而前往首爾，所以必須要盡最大的努力報答母親的信任，擺脫令人痛苦的貧困，並取得高中畢業證書。然而，如同家人般的朋友去世讓我一時提不起精神。但是為了安慰英淑的靈魂，我一定要活下來並取得成功。

我離開工廠，為了學習時尚，我幾乎身無分文地去了日本，一邊打工一邊上大學。但是畢業後，我的情況沒有太大的改善。我想著反正住哪都一樣沒錢，所以盲目地去了時尚之國，法國*。

我連一句法語都不會說就前往巴黎拼命學習並工作。我堅信只有賺錢才能保障我的幸福。難道是上天知道我如此懇

---

* 編註：作者白天在成衣廠工作的經歷體會到服裝設計的重要，當時韓國的主流服裝設計幾乎來自日本，便前往日本留學。到了日本後，發現所有頂尖的服裝設計師都曾到巴黎留學過，巴黎則成為她進修的下一站。

切的心嗎？雖然過程中我也曾經歷很多困難，但是每次都順利解決了，這樣努力的我到了三十歲中期，在朋友的提議下開始展覽事業。

展覽事業從巴黎總部擴張到韓國分公司，所以我確信我的公司會持續成長，因此即使背負很多債務仍不斷進行投資。雖然我努力工作，並夢想著成功，但是這次的喜悅是暫時的，我手中的一切最後都像沙子一樣散去。當時我感覺自己拼死拼活累積的功勞塔倒塌，也覺得自己的事業結束了。

失去一切的那天，我站在塞納河畔，想著過去夢想著玫瑰色未來的時期、乘勝追擊的時期，以及失去所有，只剩下十億韓圓債務的那一天。塞納河那天也像往常一樣美麗地流淌著，陽光燦爛地灑落在水面上。

我呆呆地望著不停流淌的塞納河，因為太大的失落和空虛感，我連眼淚都流不出來。不知過了多久，等我打起精神來時，已經是深夜了。這樣活著有什麼用，我突然產生了這樣的想法。黑色的河水似乎在呼喚我，要我趕快跳下去。

我的思緒紛亂，英淑似乎站在水面上對我說：「凱莉阿，現在可以了，沒關係，妳盡力了，連我的份也一起努力生活過了。」當下我覺得現在去英淑身邊也不錯，竭力生活的過去在我眼前快速掠過。

回到家時已經過了午夜，我摸黑打開了電燈，沒有好好打掃的房子，在燈光的照射下露出了頹廢感。沒有人等待，也沒人來訪的孤獨之家，就像我的人生一樣。我打開玄關的門，看到了鏡子，好好照鏡子是多久以前的事了呢？從斑駁的鏡子中，我看見了失去活力和過往意氣風發的寒酸女人。事業失敗後，我胖了十公斤的身體真難看。

　　我要繼續這樣活下去嗎？還不如結束吧！這些想法又從內心深處悄悄湧出。那股黑暗的氣息似乎飄盪到鏡子裡。這時，我突然聽到有人叫我。

　　「凱莉啊！我的寶貝！我引以為豪的女兒！」

　　媽媽在鏡子裡叫我，笑得很開心。媽媽總是稱我為她的希望。國中畢業後去首爾工作的時候、前往日本的時候、來法國的時候、事業成功，甚至失敗的時候，我一直都是媽媽的驕傲。在我想到死亡的瞬間，我仍是媽媽的驕傲和希望。如果我丟下媽媽死去，等於是媽媽也和我一起死了。

　　「是的，我要活下去，從現在開始，我要為了媽媽而活。」

　　那天，為了媽媽活下去的決心徹底改變了我的人生，這是當時的我始料未及的。

　　因為母親，我在死亡面前邁出了重生的步伐。這樣看來，

每次救活我的都是媽媽。我想要的是金錢和成功，但是媽媽想要的是什麼呢？站在鏡子前的我知道答案很簡單，她只希望她的女兒能堅強地活下去。

雖然我失去一切重新開始，但是我沒有信心像上次那樣，或比上次更成功。然而，我還是能實現媽媽對我的期待，我一直是媽媽的希望，現在媽媽則是我的希望。「無論如何都要活下去！」媽媽對我的期望真的很單純，這也許是世界上所有父母對子女的期待。

我失敗後，過去沉寂的希望之星突然從心中探出頭來。那麼，我後來怎麼樣了呢？此後，我又經歷了無數挫折、崩潰和失敗。但是，對媽媽來說，我依然是非常珍貴的存在，所以我每次都會這樣大聲告訴自己。

「就算我再怎麼失敗，

我也可以站起來繼續邁步！」

走路沒有不跌倒的

　　去法國留學的費用不論現在還是過去都不便宜，只有富豪子女們才念得起。當時我得自行解決所有的問題，所以我認為我必須在來之不易的巴黎獲取大量的知識。

　　從法國的大學畢業時，我不僅有很多韓國朋友，也有許多法國朋友。韓國朋友們常常問我怎能如此融入法國社會。每次我都會告訴大家我所知道的訣竅，但是卻很少有朋友像我一樣行動。我理解法國文化後，即使會話能力不足，但是無論走到哪我都會自信地表達。即便有時我的文法不對，或是表達錯誤，但是我並不害怕失敗。剛來到法國時，我也曾因為擔心自己會犯錯而裹足不前，但是不知從何時開始，我發現這種想法讓我沒有絲毫成長，所以即使別人嘲笑我，我也下定決心不再畏縮。

　　某次我說錯話，朋友說。

　　「凱莉，妳說錯了。」

「是嗎？我原本不知道，多虧了妳，我學到了新東西，真的很感謝妳！」

只要老實承認錯誤，沒有人會罵我，這就是法國文化。即使偶爾挨罵也沒關係，因為我深知，世界上沒有不失敗就能成功的事。

成功結束巴黎的學業後，失敗也正在等著我。大學畢業時，我注意到巴黎的流行正在逐漸轉變。巴黎的時裝以高級訂製女裝為中心，連成衣的價格都非常昂貴，普通人難以接近。但是不知從何時起，紐約的極簡主義也開始在巴黎擴散。我有預感，今後將颳起凱文克萊等品牌的熱風，迎來新的時代。

我打算去紐約，因為我看到只要是紐約回來的朋友，都成功找到設計師工作，所以我希望在紐約學習幾年後定居巴黎。我選擇紐約的另一個理由是我身為設計師的侷限。只要是設計工作，我很有信心不會輸，但是法國人喜歡針對畫出曲線的理由討論好幾個小時。我在羅浮宮和凡爾賽宮都見過這樣的討論，還曾經聽一位哲學家以偉大的比喻談論設計。

我也能產出帥氣的設計，但是很難充分向他人說明其意義，這是源於創意和人文素養的差異。一直以來被教育要順從的我實在沒有信心能跟上他們。法國人對於一個小時就結

束的時裝秀也能評論好幾天。這也是許多只接受過填鴨式教育的亞洲朋友們感到絕望的部分。在以高級訂製服為中心的巴黎時裝界，如果不能超越法國人的創意，我們就很難嶄露頭角。

當然，並不是所有的亞洲人都是如此，也有許多韓國人雖然受的教育和我一樣，但是卻非常有創意。我心酸但平靜地接受了自己不是能超越時代和環境限制的天才。我認為，紐約比巴黎更接受實用性的設計，雖然我不足以在巴黎時裝界成為最優秀的人，但是我並沒有因此而受挫。因為我知道不怕失敗的挑戰精神是我最大的優點。

我孑然一身從井邑到首爾，從韓國到日本，再到法國挑戰，如果我害怕失敗，我就不可能達成這些事。

我並不特別聰明，也沒有什麼特殊的才能，我只是失敗過數十次數百次，所以不再害怕失敗。我就像鐵塊一樣，身體被烈火烘烤，被槌子反覆捶打，因此越來越堅強，也因為我的目標很明確，所以我沒時間思考失敗。

現在也一樣，今後我還會反覆失敗無數次，也必須如此。唯有失敗比成功的時候多，我們才能變得強大。所以我們不要太害怕失敗，反而要警惕因為害怕失敗，連試都不試的生活態度。最重要的是，希望你不要忘記，只有累積無數的失

敗，才有贏來成功的機會。

　　「就像小時候摔倒無數次，

　　你也能在這片土地上站穩一樣。」

決定三件事

　　我在法國經歷無數次失敗後領悟到比起做什麼，思考不做什麼是更有利的。所以我決心在擁有令我滿意的財富之前，戒掉平時喜歡的東西。好習慣和壞習慣會帶來不同的結果。當時的我想著：「富翁們不做什麼呢？」我回顧過去的生活，並看到了我應該拋棄的三個壞習慣。再好的想法如果不付諸行動就毫無用處，所以我立刻行動。

拋開讓人糜爛的飲酒習慣

　　戒酒是我第一件要做的事，我之所以決定不再喝酒，並不是因為我曾酒後誤事，我從來沒喝到那種地步，我只是捨不得被酒浪費的時間。我之前是民宿主人兼導遊，同時也在準備事業，所以有兩個身體都不夠用。喝一次酒至少需要兩個小時以上，一周喝三次就會消耗六小時。下定決心戒酒以

後，我再也沒喝過一口酒。

再加上像我這樣引人注目的華麗女人，如果和男人喝酒做生意，其實很容易就能脫穎而出，但是我不想拘泥於人際關係，希望只靠實力取勝。我認識一個很會幫人倒酒的前輩姐姐，她曾開我玩笑說：「做生意需要和客戶喝酒累積交情，妳反而戒酒，到底哪來的膽量？」

在第一個事業的最後階段，我無論再怎麼努力，債務都有增無減，在害怕發不出員工薪資的日子，我每天都覺得需要喝燒酒才能活下去。有時，我連睜開眼睛都覺得難受，所以當時真的非常渴望喝杯酒。

但是即使是那麼辛苦的時候，我也滴酒不沾。因為如果真的喝了，我一定會覺得只喝一杯是不夠的。最重要的是，我不能不遵守與自己的約定。因為我尚未取得成功，所以絕對不能喝。

偶爾和人聚會時，他們會問我為什麼這樣生活，並勸我喝一點也沒關係。過去經常一起吃飯和喝酒的朋友們，因為我不喝酒，所以漸漸地不再約我。其實，不喝酒的原則並不特別，多虧戒酒，我才多了更多時間，並且能以更好的精神將熱情投入到我應該做的事情上。

丟開一點一滴啃食生活的遊戲

我之前只要稍有空閒就會看電視劇或玩遊戲，問題是一旦開始，我就會沉迷，並因此浪費了許多時間。所以我開始思考該如何更有效地利用時間。

成功人士只要有時間就會徹底利用時間讀書。他們享受休閒時間的方法大多和我不同。為了成功，自律和時間管理是最基本的。時間管理的基礎就是減少不必要的時間消耗，擁有自我開發的時間。

我尤其建議大家不要過度使用 SNS（Social Network Service，社群網路服務）。SNS 的特點之一就是很難立即切斷連結。如果 SNS 與自己的事業或個人發展直接相關倒還好，但是如果將其作為娛樂，那肯定會消耗很多時間。因此，我建議大家應該減少使用 SNS 的時間，並進行對自我開發更好的活動。

無論取得多大的成功，如果不能擁有發展自己的時間，那都是沒有意義的。請想像一下，你為了成功而付出的血汗和眼淚，緊握成功而獲得的財富和人脈，這一切都像海市蜃樓般消失，這是多麼冤枉和惋惜的事。

丟掉搶走時間的派對

　　無論是在韓國還是歐洲，聚會都大同小異。聚會的核心是人際關係管理。人們據在一起是創造新能量，並打開新機會的最佳方法。但是在某些情況，我認為參加聚會反而是妨礙成功的因素。這個想法與一般人相反。身為企業家，如果我說我放棄聚會，肯定會有人反問：「那麼你該怎麼管理人際關係？」我這樣回答。

　　「我不管理人際關係。」

　　我這麼說是有原因的。因為人脈不是被管理的。你想想看，如果你對我說：「我想和凱莉成為朋友。」那當然沒問題，我喜歡朋友，也歡迎新朋友。但是如果你說：「我想讓凱莉成為被我管理的人脈。」那就不同了，我絲毫不想被你管理。你可能會質疑難道不能區分單純的朋友，以及想利用的人脈嗎？這不僅僅是我，而是所有成功人士都能直覺自己被利用。所以我不管理人際關係。

　　我決心盡量不去派對的另一個原因在於時間。派對通常會吃掉我整個晚上，雖然有助於社交，但是經歷了一次大失敗後，我深切地感受到單純的社交對人生沒有什麼意義。除了與真正珍貴的家人朋友聚會之外，我不想在單純的社交聚

會上浪費寶貴的時間，這是我成功後依然堅持的原則。

　　想要變幸福，首先必須戒除侵蝕你人生的壞習慣。如果戒掉了三個壞習慣，就要養成三個好習慣，特別是要把時間用在自己的成長上，確保明天的自己比昨天的自己進步我們才能感到幸福。即使每天只有一點成長也可以，因為成長會帶來很多好處。

　　例如，即使每天只成長 1％，一百天就能成長 100％，也就是說今天 1％ 的增長會隨著時間的推移而不斷增加，一百天後就會超出預期。這也表示無論多麼不足和醜陋的人生，只要不停止進步，五年後就能過著與現在完全不同的人生。

以千人為師

　　直到第一份工作失敗時，我依然不重視他人的建議，當時的我實在太無知了，根本沒想到應該要聽取他人的意見。在那個時代，並不流行良師益友這種話，我也以為只要一個人努力就會成功。雖然我現在很重視建議，但是當時的我缺乏這種想法。

　　走上通往成功的道路其實是一件非常簡單的事，問題是持續。如果不能好好處理自己的欲望，以及關鍵時刻發生的各種意外，我們就無法維持成功。這就是我們需要導師、榜樣以及該領域專家指導的原因。

　　導師是引領我們看到潛在可能性的人，因此，尋找人生的導師，徵求他們的意見，並理解他們成功的方式是我們達成目標的捷徑。如果你想成為富翁，就要以真正的富翁為師。

　　但是很多人在制定目標的階段就會犯下致命的錯誤，例如向沒賺多少錢的人詢問賺錢的方法，或是向還沒學會賺錢

方法的家人、朋友、前輩諮詢人生。最嚴重的是將錢投資在那些只想搶走我們的錢，卻沒有幫助的人身上。在實現夢想的過程中，阻礙我們前進的妨礙者其實就在我們身邊，通常就是父母、兄弟姊妹和朋友。

向沒有事業的人徵求經營相關的建議合理嗎？向不是主管的人學習領導方法能得到對的建議嗎？如果你想成為你選擇的領域中最優秀的人，就要以該領域中最厲害的人為師。但是你可能會有這樣的想法：「他們太忙了，不可能理我，即使見面了，我們有辦法持續交流嗎？」我能感同身受，但是即使不直接見面，也有能向專家學習的方法，成功人士們已經在使用這些方法了。

從書中找老師

請閱讀背景和你相似的成功人士所寫的書，並且不要只停留在閱讀上，要以完整吸收該方法的心態實踐這些方法。請記住要尋找背景與你差不多的成功人士，並將他們的方法應用到自己的生活中。

關注老師們的行蹤

收集專家們的公開演講、報導、各種採訪或 SNS 內容，製作成筆記後學習。一旦有我想仿效的大師（Guru），我就會不計費用去聽他的演講。巴菲特和羅賓斯等成功大師們也都使用過這個方法。

練習像老師一樣思考

當我們需要做決定時，可以想像一下這些大師們是如何做出決定並行動。如果你已經充分學會他們的技巧，你就能做出明智的決定。我也是一路想著從未見過的許多大師，並持續做出有成果的決定。

我在準備自己的事業時，雖然掌握了市場趨勢和理論，但是如果沒有好的老師，我不可能取得成功。這些老師中有實際見面後向我傳授技術的人，也有指導我經營方法和心態的人。我將一千人當作老師，並努力把這些老師的方法消化為自己的。這些努力的結果非常出色，因為每當我必須做出決定和選擇的時刻，我都能毫不猶豫。

我們需要老師的真正理由是為了得到持續成功的力量和

解決問題的方案。如果將此比喻為跑馬拉松，相信大家會更容易理解。領跑員是在中距離以上的跑步或自行車比賽中幫助選手們順利抵達目的地的人，他們的角色是調節速度、維持選手的精神狀態等，為選手提供跑完全程的力量。

達成目標的關鍵是堅持和解決問題的能力。只要我們不放棄，不逃避問題，就可以跑完全程。但是，如果獨自一人前進將會很孤獨且艱難，我們需要一位良師益友。因此，如果想要成功，就不要只顧著煩惱，而是要趕快找到老師，在老師的幫助下持續解決問題，並朝著夢想前進。

相信你也很快就能實現偉大的目標。

為了更上層樓，像海綿一樣吸收新知

在準備我的事業「Kelly Deli」（凱莉德里，進駐超市的壽司便當零售專櫃）的兩年時間裡，在別人眼中，我的條件和失敗前沒有什麼不同。雖然我也表示要重生，但是危機仍在我身邊，最重要的是，我依然沒有錢。因為無法償還十億韓圜，所以我的心情每天都很沉重，但是我決心要愛自己，並變幸福，所以我每天都在努力尋找自己能做的事。

為了調查消費者的購買傾向，我每天去超市上班並讀書，同時感受著自己的變化。我對幸福的未來充滿信心，雖然外在條件沒有改變，但是我正變得與以前不同，我每天都充滿了正能量和感激，也感受到過去在往成功大道上奔跑時也沒感覺到的幸福感。

在我面臨危機時，我只是有了要再認真活一次的態度和決心，我就不再害怕危機，反而期待危機之後的機會。當下我意識到改變想法有多麼重要，對現在的我來說，危機不再

是危機，反而是能讓我進一步成長的契機。

　　我第一次想到的事業項目是三角紫菜包飯。查閱資料後發現，雖然在美國市場確實有過一些三角紫菜包飯成功的案例，但是在歐洲還沒有。我認為這有商機，所以去韓國參觀了工廠，進行了許多調查，但是卻發現有個問題。在法國，超市供應的食物有許多法律限制，這與在自家店鋪製作並販賣食物完全不同。最重要的是，只有具備無菌設備的工廠才能取得許可，但是要做到這一點，需要十億韓圜的資金。當時雖然我捨不得之前下功夫調查所花的時間，但是我實在沒有那麼多的資本，所以只能放棄。我也因此決定不要進行需要大筆資金的事業。

　　投入大量費用和時間制定的計劃崩潰，看起來分明就是危機，但是我完全不這麼認為，反而相信這是為了更好的成長所發出的訊號。我選擇正面突破，並開始苦思是否有能在超市親自製作並販售食物的方法。

　　正當我還在思考時，法國的超市已經開始販賣壽司便當了，消費者的反應也不錯。我買了一盒來吃，但是既不好吃，也不新鮮，因為這並非現點現做的壽司，所以無法維持新鮮度。

　　壽司是我最喜歡的食物，如果當場製作並販售美味新鮮

的壽司似乎有勝算。我有信心讓我最喜歡的食物比任何人做的都要好吃且新鮮。最重要的是，如果能在客人面前親自製作壽司，我確信可以兼具信賴和趣味。

這是我、客人和員工都開心的 Kelly Deli 幸福壽司誕生的瞬間，我立即變更了事業項目，並開始尋找傳授世界上最美味壽司的老師。

有些人會感到驚訝，像世界壽司大師山本先生（Yamamoto Kunio ／山本國男）這樣的人為什麼分毫不取就幫助了我。可能會有人認為我是運氣好才成功的，這也是事實。但是，貴人和運氣都不是輕易到來的。我認為，是因為我改變了看待危機的態度和決心，所以才有了這樣的運氣。如果是以前的我，恐怕連拜訪山本先生的念頭都不會有。因為過去的我會認為，要請那種程度的大師指導，必定要花費很多錢。

不光是我，多數人都會這麼想吧？因為我們長期被灌輸的價值觀是有錢才能賺更多錢，背景好的人才有辦法抓住機會，一般人再怎麼努力也無法戰勝這些。也由於我們經常目睹這樣可悲的現實，所以我們習慣假設一無所有的自己不可能爬到高位，並因此放棄。

我在事業經營失敗時也曾這麼想：「如果我出生在有金錢或背景的家庭就好了，這樣我就能馬上得到資金，並重振

事業。」當時的我覺得自己是因為背景而失敗，所以更加受挫。但是，我後來明白世界並不一定是這樣運轉的，有時他人的熱情或善意可能會帶來意外的結果。

我拜訪了山本先生，我知道他拒絕我是理所當然的，也是因為被拒絕了，所以我面臨另一場危機，但是當時的我已經不在意危機，我只想著要如何才能得到山本先生的幫助，因為要想製作美味的壽司，就必須有他的協助。所幸在兩次的拜訪後，山本先生同意了，但是即使又被拒絕，我也還是會再去找他，因為我希望能讓更多人品嘗到他所製作的美味壽司。

山本先生表示並不是因為我多次拜訪才決定幫助我的。真心喜愛壽司的他，看出了我有多愛壽司，且對這件事有多懇切。也許最重要的是，他看到了熱愛壽司的我閃耀的眼神，所以才決定提供協助 *。當時的我在想，我怎麼會如此幸運，並認為這只是巧合。但是此後我也多次得到無數人的幫助，這讓我領悟到，發生在我身上的事不是偶然，而是必然。

有些富人會希望透過自己的財富為他人開闢財富之路，

---

* 　編註：作者曾對山本大師說，如果不能幫她做，那就教她怎麼做，讓她成為頂尖的握壽司專家。

並傳達良善的影響力，但是他們不會向只有個人欲望、眼睛沒有靈魂，且對生活沒有熱情的人傳達財富的秘訣。因為他們非常清楚，對於眼裡只有錢的人來說，這反而會成為毒藥，並助長這些人不分享財富的貪欲。

　　人類的欲望會透過表情、語氣、動作等展現，因此，真正成功的人一眼就能認出值得幫助的人，並決定是否助其開闢道路。

　　如果你想與貴人見面並吸引運氣，就應該改變自己看待危機的態度和決心。面對危機時，必須拋開所有消極的想法，只朝自己制定的目標邁進，這樣一來，無論是誰都能克服危機，成為最棒的人。在實踐目標的過程中，請有自覺地進行召喚財富的思維，因為將危機化為轉機的想法就是召喚財富的思維。

　　召喚財富的思維的真正力量來自善良的影響力，當你對善良影響力的懇切與夢想相遇時，只要你改變對危機的態度和決心，就一定會遇到良師益友。

只要實踐一百天，人人都能領悟

　　在準備 Kelly Deli 的兩年裡，我反覆閱讀並實踐了一百本書的內容。當時我決心不僅要讀完一百本書，還要將裡面的方法轉化為自己的。為了消化書中的內容，首先必須理解作者的想法，並按照書中的方法執行，無法理解的部分即使重讀數百遍，且不斷失敗也要持續跟著做。於是我開始逐漸摸索出自己的路，並感覺到自己的想法和態度發生了變化。

　　我一邊消化成功者的技巧，一邊找到七種實踐工具，這些工具對於打造召喚財富的思維的根基大有幫助。剛開始我很難使用這些工具，但是隨著不斷的努力，我運用工具的速度漸漸變快。如果要我用一句話概括實現夢想的七大法則，那就是成功人士的共同習慣，如果能把這些習慣運用到自己的生活中，人人都可以接近成功。

設定明確的目標

　　就像開車時在導航系統輸入目的地一樣,我們必須設定用一句話就能說出的明確目標。如同要輸入正確的目的地,導航才能正常運作,人生的目標也是如此。如果你想去韓國蠶室體育館,但是你只輸入蠶室,那麼導航就無法正確引導你到目的地。明確的目標就像我們在導航上輸入的目的地,能幫助我們在自己的生活中樹立信念。

　　然而,人的目標往往沒有我們想像中明確,例如想成為富翁不能說是目標,只不過是白日夢。如果你想實現夢想,就必須制定更明確的目標。若你的夢想是成為富翁,那就要訂定精準的目標數字,例如「我想成為擁有一百億韓圜的富翁」、「我想透過壽司事業打造市值一百億韓圜的企業」。

　　接著反覆想著明確的目標,這個目標就會進入我們的潛意識中,並成為信念。人類的潛意識擁有比意識強三萬倍的力量。我舉個例子,有個十年前發生交通意外的人進行催眠後,不僅回憶起撞上自己的機車顏色,還想起了司機戴什麼樣的安全帽。

　　如同上述例子,人類的潛意識會準確地記住我們出生後所看到和感受的一切,在意識上根本做不到的事,潛意識反

而有力量幫助我們。因此，為了成功，我們首先必須將明確的目標刻印在潛意識中。

設定最後期限

我從小就經常說我想成為富翁。當然，我當時覺得希望渺茫，所以也沒有設定自己何時要成為富翁。因此，我花了很多時間才成為富翁，但是我認為，因為我想要成為富翁的慾望非常強烈，所以我才能越來越接近富翁。

從 Kelly Deli 開始，我決定在五年內成為擁有三百億韓圜的富翁。設定了五年的期限後，我就開始盡最大的努力實現目標，並且提前實現了夢想。

想像具體的面貌

我設定了五年的期限後，仔細想像自己五年後會住在什麼樣的房子裡、在哪裡以及什麼樣的公司做什麼工作，也想著到時自己的公司會有多少員工。這就是所謂的視覺化訓練。

我在本書的第二部分會更深入說明視覺化訓練。大部分的成功人士都有很出色的想像力，因為透過想像視覺化的

東西會比抽象的命題更快且更容易刻印在潛意識裡。因此，如果你希望發揮潛意識的強大力量，就需要想像具體未來的能力。

制定行動計劃

一個人在柿子樹下再怎麼張大嘴，柿子掉進嘴巴內的機率幾乎為零。如果你想吃柿子，就必須爬上柿子樹，或製作可以摘柿子的長竿，這就是行動。這並不是要大家做很難的事，只要從可以輕鬆完成的小事開始實踐就可以了。

如果你想減肥，請制定今天就可以做的三件事。你沒有必要訂定一天瘦一公斤，或是每天運動兩小時等難以實踐的目標。先制定並遵守要提早十分鐘吃晚餐、少吃一匙飯、多走路五分鐘等不難實現的目標，我們就會對自己產生自信。

有些人在計劃減肥時會先思考要做什麼運動，我建議從能做到的簡單運動，例如走路開始就可以了。這就是可以立即進行的行動。接著再慢慢挑戰並實踐更難的行動。

然而，多數人都把時間浪費在思考計劃是否能實現上。先從小行動開始做，你就能知道這個方向對不對，所以不要只是思考，要馬上付諸行動。

拋棄三個壞習慣

　　我的壞習慣是喝酒、浪費時間的遊戲和聚會。我在戒酒並減少派對後，即使必須在準備事業的同時撫養女兒，我還是有時間讀書。我在抽出時間讀書後，視野變寬廣了，也因此能以更宏大的眼光看待自己的事業。

在每個看的見的地方都用一句話寫下自己的夢想

　　請在每個自己看的見的地方都寫下自己要實現的夢想和期限，每當看到這些句子時，就會想起自己的夢想和最後期限，讓自己的潛意識強烈蘊含著這個目標。我將三百億這個數字設為電腦密碼。浴室、冰箱、鏡子、書桌、化妝台等，我在家裡四處寫著「我要在五年內成為擁有三百億韓圜的富翁」。

　　去年我訂定了要在老公生日前成功減肥的目標時，我將手機密碼設為 550701。因為我決心在老公生日，也就是 7 月 1 日前減到 55 公斤。每次按手機密碼時，我都會想起自己的減肥目標。

每天高喊夢想一百次以上

　　把想實現的夢想寫成一句話後，高喊一百次至少需要十分鐘，用寫的比用喊的還要費時間，但是如果有更迫切想實現的夢想，我會在紙上寫一百次。儘管這很花時間，我仍然沒有停止這個像小孩子開玩笑般的行為，這是為了確保實踐夢想的優先順位，也能讓我的夢想更穩固地印在潛意識中。刻在潛意識裡的夢想，即使在我沒有意識到的瞬間也能推動著我，因為潛意識會為了我的夢想而工作。

　　是的，我消化所有成功人士的生活後所歸納出的實現夢想七大法則其實很簡單，人人都能做到。但是做到和不做的人生活會產生很大的差異。每當有人問起我成功的秘訣，我都會告訴對方這七項法則。我只是不斷重複做這七件事，但是這些單純的事每天都讓我發現自己的生活發生驚人的變化。

　　只要實踐一百天，你就能知道為何這七大法則會成為實現目標的強大根源。世界上所有的第一步看起來都微不足道，但是如果我們不邁出第一步，就什麼都無法實現。很多向我諮詢的人都在實際運用了這些方法後，實現了夢想。

具備金錢、社會貢獻和品德的時候

　　幾年前，我接到《星期日泰晤士報》（The Sunday Times）的記者布魯斯米勒的採訪邀請。《星期日泰晤士報》是 1822 年創刊的英國代表性報紙，也是有傳統和權威的媒體。因為此報對英國的輿論具有很大的影響力，所以是很多人希望接受採訪的報社之一。聽到這麼大的報社想採訪我，我大吃一驚，但是也立刻冷靜下來問她。

　　「方便了解採訪的內容為何嗎？」

　　「是有關女性企業家的成功故事。」

　　「不好意思，我不接受關於個人成功的採訪。」

　　為什麼我拒絕了別人都想要的知名報社採訪呢？那是因為我知道報導和媒體的影響力有多重要。我總是努力參加所有對行銷有幫助的活動，但是我不接受只是和我賺錢的故事有關，而非公司成長過程的採訪，因為單純的個人賺錢故事對公司或我都沒有任何幫助，反而可能給成長順利的公司帶

來損失。

　　企業家應時刻保持沉默，不能隨便講自己的故事，因為我們的每一句話都會決定公司的存亡，並可能無意中讓為公司奉獻的員工受到損失。

　　然而，布魯斯米勒記者非常堅持，因此我以不強調個人財產為條件接受了他的採訪。他不愧是資深記者，採訪過程行雲流水，並且遵守我們的約定，報導中沒有寫進任何財產數字。比起我擁有多少財產、收入多少等個人資訊，這篇報導談論了更多與公司有關的故事。

　　報導中只提到了 Kelly Deli 的藍圖、哲學、員工們的貢獻和產品的製作過程，也報導了我認為最重要的部分，也就是如何篩選材料、重視衛生，以及不傷害環境的經營理念。不若大部分的成功故事，這篇報導沒有誇大的刺激性內容，而是飽含真心。得益於這次採訪，公司獲得了實質的宣傳效果。

　　過沒多久，我又接到了採訪邀請，隨著我在英國富豪排名進一步上升，報社又希望能採訪我。我看了《Sunday Times Rich List 2020》，發現我和先生傑洛姆的名字排在第 345 名。當時英國的伊莉莎白女王是第 372 名，足球明星貝克漢夫婦則排名第 354 名，所以從報社的立場來看，我的故事會是很

好的報導。但是我依著自己的原則直接拒絕了。

正如美國經濟雜誌《財富》每年篩選出五百大企業一樣，《星期日泰晤士報》每年也都會製作英國富豪名單，並以特輯報導。事實上，在英國數一數二的富豪中沒有多少女企業家，東方女性更是罕見，也因此我多次收到採訪邀請。但是我認為講述賺錢的故事應該要慎重，所以一再拒絕。

然而，我這次也被堅持不懈的布魯斯米勒記者說服了，並表示不能採訪一般人好奇的賺了多少錢、住多好的房子、開什麼樣的車等內容，當然也不能公開我住的房子。我在我們位於倫敦的壽司賣場接受採訪。採訪過程中，除了英國富豪排名的官方數字外，沒有提到其他數字。

雖然當初我是因為富豪排名接受採訪，但是我沒有只談論現在的成功，反而講述了過去事業倒閉，背負十億韓圜巨額債務，想死卻因為母親而選擇活下去，以及再度創業的過程，還談論了出生在農村，生活艱困的時期經歷了哪些困難，並努力開創事業的故事。這一人性化的故事引起了讀者極大的共鳴，所以對 Kelly Deli 的形象也產生了正面的影響。

我之所以如此慎重地看待財富，是因為有些人誤以為財富等同金錢。我認為錢是財富的一部分，但不是全部。真正意義上的財富不是阻止流入我口袋的資金流向其他地方，而

是透過我傳達給他人的東西，擴大良善的影響力。從這個意義上來說，富人並非單純意味著有錢人，富人是指決心幫助他人，對社會有貢獻，且有品德的人。也就是說，當一個人擁有金錢、社會貢獻和品德時，才能稱得上是富翁。

我度過了非常貧窮的童年，小時候的我相信金錢和成功會帶來幸福，所以我無時無刻不努力攀向更高的地方。雖然看似蒸蒸日上，但是在巴黎的事業失敗後，我過著比在地獄更痛苦的日子。我下定決心要重生，也領悟到我過去的財富觀念是錯誤的，所以我才無法避免失敗。從那之後，我就以具備金錢、社會貢獻和品德這三要素而不斷努力。

我不希望自己只是單純的有錢人，而是想成為願意把自己的成功經驗傳達給別人的真正成功者。真正成功的人知道幸福不是取決於錢的多寡，也了解擺脫金錢束縛的重要性，如果不和家人、朋友、鄰居分享金錢帶來的豐饒，即使錢再多也只會感到孤獨。比爾蓋茲和華倫巴菲特等世界級富豪們都知道這一點，所以他們才會為了人類和地球豪不吝嗇地捐出自己的財產。

過去的我只汲汲營營於賺錢，最終事業失敗。現在的我，計劃並實踐了金流，所以獲得了無法想像的財富。比起個人的成功，我更重視的是為我身處的共同體製作健康美味的壽

司，並為移民和當地人提供工作機會。做世界最棒的壽司，以及一定要對他人有所貢獻的信念成為我生命中的陽光，照亮了我的未來。

人類之所以不斷進化，文明得以持續發展，很大程度依靠的是那些擁有財富，並想幫助他人的富人。如果富有的人不是為了他人，而是只為了自己而累積財富，那麼人類的文明就不會有現在的進展。整個宇宙的能量都會流向那些願意為他人累積財富的人，所以如果你想要抓住財富的目的在於幫助他人，那麼你一定會成為富翁。若你是自私自利，不想幫助他人的人，最好現在就放棄，因為你總有一天會失敗的。

因此，請大家建立正確的財富概念，

朝自己想要的目標前進吧！

取而代之的是我對錢的開放態度，
賺了再還

最近流行共享辦公室，但是之前我剛開始創立 Kelly Deli 時，許多人還對此抱持懷疑和奇怪的偏見，因為當時即使一間公司有體面的辦公室，為了吸引投資人在五星級酒店舉辦企業說明會的情況也很常見。

創業初期，Kelly Deli 沒有可以與客戶或合作企業進行交流的辦公室，只租了一個能容納所有員工的小空間。因為我認為將此變成固定成本太浪費錢了，最重要的是，我們公司有很多以賣場現場為主的活動，所以不需要太大的辦公空間。

我相信即使沒有豪華的辦公室，我也有信心說服投資者們 Kelly Deli 一定會成功。然而，在沒有值得驕傲的辦公室和屬於自己賣場的情況下，要讓投資人相信我們並不是一件容易的事。儘管如此，還是有相信我們並決定一起合作的人。他們信任這樣的我們表示他們相信的是我們的發展藍圖。此

後，Kelly Deli 在歐洲許多國家開設新店時，也沒有設立過多的辦公室。

起初，因為沒有像樣的辦公室，所以我不免有些害怕，但是比起缺點，這麼做有更多優點，所以成功展店後我仍維持原來的方針。Kelly Deli 尚不為人知的時候，很多人對此持懷疑態度，但是現在反而有更多人認為我們省下了固定成本，並回饋更多給員工和店主。我們因此在歐洲被公認為一家有真正實力的公司。

2010 年 8 月，在聚集了許多同樣希望藉由美食傳達樂趣的人所提供的協助後，我終於在里昂開設了 Kelly Deli 一號店。從展店的第一天起，我們就大獲成功。我們進駐的法國最大超市 C 公司曾擔心我們會不會只是一時的潮流，但是過了十天，甚至一個月，我們的顧客依舊沒有減少，壽司往往做好後還來不及擺放就賣光了。雖然客人們要等較長的時間，但是他們不僅沒有不耐煩，反而像觀看表演一樣津津有味地欣賞壽司的製作過程。得益於此，二號分店也在巴黎的主要街道上開業。

Kelly Deli 分店持續增加，有個中國人一聽到這個好消息，便拿著現金上門。Kelly Deli 的加盟費每個國家和城市均不同，約一到七萬歐元。我委託好加盟店的業務後，沒多想

就把荷包滿滿的中國人送往會計部。我先生直接來找我。

「凱莉，如果現金超過兩千歐元一定要申報，那個人的錢肯定是沒申報的錢。」

傑洛姆說得對，當時有些中國人從事香菸、電話卡、彩票等現金往來的生意，所以他們大多沒有及時申報收入。當我先生表示不能收現金時，中國人說：「拜託收下吧，我只有現金。」並懇求我先生一定要讓他加盟。我和先生煩惱了一會兒，他也是來到別人的土地上辛苦賺錢的人，光賣香菸絕對不可能賺大錢的，從他衣衫襤褸的樣子來看，不問也大概能知道他有多麼拼命。我們靈機一動反過來提議。

「我們不接受現金，因為收到現金必須要申報，這樣你也會出問題。」

他難掩失望的神情。

「我們可以合作，但是你還是加盟後賺了錢再還吧。」

他愣了一下，似乎不了解我的意思。

「Kelly Deli 一定會成功的，所以請等 Kelly Deli 的加盟店賺錢，再交加盟費吧！」

「有人這樣做生意的嗎？」

「有的，我相信 Kelly Deli 會成功，你也一定會償還加盟店的費用。」

激動地答應這個提議的他當然成功了，並且在幾個月後就償還了所有的加盟費。這件事傳開後，有數百人排隊等著要加盟。其中也有幾個人我沒收錢就讓他們加盟了，因為他們都像那位中國人一樣是拿著現金來的。

　　當然，也有人連錢都沒帶就跑來找我，並表示加盟賺錢後會還錢，但是我不相信那些人。他們和帶著現金來的人心態不同。不付出，只用嘴巴約定的人大多不會遵守承諾。然而，拿著現金來找我的人只是不知道現金交易可能會有問題，他們並不是想白吃午餐，所以我知道他們一定會遵守約定。

　　我想給一生都在他人土地上孤軍奮鬥的這些人一個成功的機會。他們感激並接受了我的善意，同時盡了最大的努力，從 Kelly Deli 創立初期到現在，他們就像家人一樣。

　　我不是為了自己的成功而創立 Kelly Deli。我已經很幸福了，所以希望所有和我一起共事的人都能像我一樣變幸福。因為這樣的想法，所以我也幫忙給 Kelly Deli 機會的 C 公司提供打掃廁所的服務，並讓有誠意加盟的人可以賺錢後再付加盟費。C 公司、山本老師，以及數百名加盟店主和員工共享了我的展望，所以我們才能齊心協力前進。

　　我有過因為沒錢而倒閉的經歷，因此我決心在重新開始新事業時，絕對不再讓公司倒閉。要想成立屹立百年不搖的

公司，就必須要有超越單純賺錢的目標。能實現這一目標的根源就是我透過失敗所領悟到的召喚財富思維。

　　企業家必須會賺錢，賺不到錢的企業家是罪人。如果企業家無法順利賺錢，員工和其家屬都會流落街頭。我曾因為公司倒閉而成為罪人。我不想再成為罪人，所以我一定要好好賺錢。我賺錢的目的並不單純是成為富人。

　　我認為召喚財富的思維是區分窮人和富人的決定性因素。之前我在說明富人資質和條件時曾提到要具備金錢、社會貢獻和品德。窮人也不是單純指沒錢的人，而是意味著不具貢獻之心或品德的人。我認為即使經濟上有困難，只要是具備貢獻之心和品德的人才，也可以說是富人。

　　窮人和富人的想法差異會產生不同的結果。有些人即使沒有錢，也會想幫助他人，這樣的人一定會得到好機會。不僅是他們自己，也能嘉惠和他們一起生活的人。即使是同樣有錢的人，願意將錢花在更有意義的事情上的人也會變得更加有錢。

　　現在的我全額捐出版稅和演講費等我在韓國所賺的錢。大家正在閱讀的這本書所賺得的版稅我也將全數捐給需要幫助的地方。Kelly Deli 目前在歐洲已經擁有一千個以上的賣場，也形成超市、加盟店及 Kelly Deli 三贏的局面，但是

Kelly Deli 的理念依然如故。我們自豪地認為共存共榮的理念是使 Kelly Deli 成長的最大原動力和成功法則。

歷時一年橫渡大西洋

　　2010 年 8 月，創立 Kelly Deli 五年後，我成為了超乎常人想像的資產家。在如此完美的時刻，我和先生主動退出了集團的經營前線。我們之所以這麼做是因為先生此生的夢想是遊艇旅行。當我們把公司委託給員工，決定遊艇旅行一年時，所有人都勸阻我們。他們無法理解為什麼我們不想繼續培養成長良好的公司。

　　我第一次聽到先生傑洛姆的決定時，我的反應也是如此。離開工作穩定的跨國公司，和我一起創業的傑洛姆某天看著我的眼睛說。

　　「凱莉，我從小就夢想和家人橫越大西洋。」

　　當時我把那句話當耳邊風。

　　「恩，退休後再說吧，如果到時能一起去就好了。」

　　傑洛姆一臉嚴肅地說：「凱莉，你好好聽我說，我現在就想去。」

「你瘋了嗎？我們現在連工作的時間都不夠了，這像話嗎？」

　　「凱莉，等我們老了會累得去不了。駕駛遊艇需要親自動手將帆放下來，但是老了就做不動了。賺錢什麼時候都可以賺，我們現在應該先一起進行調查，研究可能性再決定。只要你敢開心扉一起分析，我們就能做出好的選擇。遊艇從訂購到完成大概需要兩年的時間，我們在這期間好好訓練員工不就行了嗎？」

　　因為這是傑洛姆長久以來的夢想，所以他可以很堅定，但是我仍認為這是不可能的事。即使往後兩年做好準備，才創業五年的創辦人可以隨便離開嗎？這實在太不負責任了。我剛要堅決喊：「Non！」的瞬間，突然想起之前媽媽和我說過的話。媽媽從我 16 歲帶著一包衣服去首爾襯衫工廠到我結婚前，她常常這麼說。

　　「男人都是小偷，絕對不要相信男人。」

　　但是媽媽一看到傑洛姆便說。

　　「好好聽傑洛姆的話，不論什麼事，只要按照傑洛姆的要求去做就可以了。」

　　傑洛姆剛結婚時一句韓語都不會說，所以當時媽媽沒和傑洛姆交談過，但是媽媽卻完全信任傑洛姆。我到現在仍不

清楚為什麼她叫我無條件答應傑洛姆的要求。

　　事實上，讓我更猶豫不決的是女兒的教育問題。當時女兒才正要上小學，我擔心她還沒接受正式的教育就去旅行的話，會像我小時候一樣有學習障礙。所以我對先生說，為了女兒的學習能力，我們不能去環遊世界。但是不知從何時起，我反而開始覺得這是一個好機會，環遊世界能讓女兒學到更多學校不會教的東西。

　　最後，我按照媽媽所說的聽從傑洛姆的要求。我和傑洛姆一起參加了各種遊艇博覽會和研討會。訂購遊艇後，在等待遊艇打造完成的期間，我們參加了各種操縱遊艇的培訓，也為了訓練員工研究了多種課程。

　　但是直到離開時，我還是無法確定公司是否能順利運轉。雖然我花了兩年做了萬全的準備，我仍然擔心在海上能否安然無恙。因為過於不安，我給了傑洛姆一條但書，那就是當我想回去時，就要無條件回去，傑洛姆也寫了保證書。所幸那一年內沒發生任何壞事。另外，即使沒有我們，公司也持續成長，雖然不是完全沒有問題，但是損失不大，員工們也可以藉此成長。

　　結束遊艇旅行回來後，我感覺我已經不是以前的自己了。最重要的是，我對財富有了更新的領悟，對世界的看法

也截然不同。我更加確認真正的財富不在於錢的多寡。如果我和傑洛姆沒有去遊艇旅行，仍然像以前一樣工作整整一年，我們的財產可能會增加一些，但是我們無法得到家人間的羈絆，以及員工和老闆之間堅定的信賴。

旅行前我曾經非常擔心的女兒教育也完全沒有問題，在沒有航行的日子，先生用法國學校送來的教材教導女兒，我每天也會教女兒讀寫韓文。女兒像玩遊戲一樣愉快地學習。結果，可能是因為旅行時，女兒能五官併用學習各種新事物，所以她擁有豐富的思考力、創造力和堅實的字彙能力。

2019 年我和傑洛姆乾脆辭去了經營者的職務。雖然歐洲許多企業後來因為新冠肺炎而面臨倒閉危機，但是我們的公司並沒有受到太大的衝擊。沒有我，公司仍持續成長。現在的我擔任公司的董事，繼續為公司提出新的事業概念和項目，在外也創立了一些公司，並指導 CEO 們。與我直接經營公司時相比，我獲得了數十，甚至數百倍的自由時間。我目前間接經營超過 30 家公司，但是依然有空陪伴先生、孩子、母親、兄弟姊妹和朋友們。

橫渡大西洋成為我開闢新生活航線的決定性契機。如果我一生只追求金錢，真不知道人生的最後會是如何，但是我現在過著擁有人類本質的生活，這個本質就是與他人同行和

分享。為了向韓國的年輕人傳達我的經驗，我正全力開展各種活動。隨著這些活動的進行，我更深入理解這些年輕人，我周圍的好人也越來越多。

　　如果是以前，我只會為了賺錢而透過 IG 或各種線上、線下演講與人溝通。我的價值觀是我給某人必要的幫助，也從某人那裡換得我需要的協助。當我是一名公司經營者時，我只影響與我們公司有關的六千人，但是現在的我卻影響著數十萬人。

你有仇富的想法嗎？

　　我在向他人傳授創造財富的經驗時，我發現很多人不知為何將錢視為罪惡的根源。我第一次聽到「比起錢，其他東西更重要」這句話時，我認為這是為了摒棄物質生活而採取的道德行為。但是沒過多久，我明白這是源於對富人的仇恨（ressentiment）。「Ressentiment」是弱者對強者的憎惡、仇視、激動、嫉妒和憤怒等混雜在一起的情緒。這是德國哲學家尼采提出的概念，這個詞包含了比我上述的簡單定義更廣泛的意義。

　　我希望大家稍微改變一下看待此概念的觀點，並思考弱者是否真的不想成為強者，以及弱者是否真的希望自己一直是弱者。我想不是那樣的，因為嫉妒心的基礎是貪心。

　　諸如「幸福比金錢更重要」、「健康比金錢更重要」、「家庭比金錢更重要」等，每當聽到有人說某些東西比金錢更重要時，我都會非常擔心。我們只有在生活的各種要素達到平

衡時，才能感受到安定。只有錢多確實不等於幸福，但是和家人和睦相處也不代表我們的生活中沒有任何憂慮。我們必須均衡具備幸福、健康、家庭和金錢等所有的要素，也因此金錢和其他因素同等重要。

　　你也仇富，甚至認為有錢人就是很貪心、性紊亂，並且不受法律規範嗎？你在沒有特別理由的情況下，是否有以上對富人感到不快的不理性情緒？如果你不會這樣那真是萬幸，但是即使會也沒關係，情緒是一種學習，我們只要努力就能改善。

　　那麼，大家對富人的負面看法是如何形成的呢？我們學習事物的方法比我們想像中簡單。我們通常都是藉由電視劇、電影、音樂和新聞等學習。透過多種媒體接觸到富人負面形象的瞬間，金錢是萬惡根源的刻板印象就會刻印在我們的心中，也因為周圍沒有成就大業，且能稱得上是富翁的人，所以我們也無從查證，就直接接受了。然而，即使是在這樣的環境下，仍有很多人想要財富。

　　你也想要財富嗎？那麼你首先應該拋開對富人和金錢的負面想法。事實上，即使是不想擁有財富的人，心中也不免希望能財富自由吧！所以即使你仇富，也請把對富人和金錢的負面印象全部抹去吧！如果你決心藉此機會享受財富自

由，請準備筆和紙，如實回答我接下來提出的問題。

第一個問題，「對你來說，什麼是富人？」

第二個問題，「對你來說，錢是什麼？」

請看看你寫的回答，並思考你對富人和金錢有什麼情緒？你從小是聽什麼樣的金錢故事長大？你認為的富人形象為何？是誰樹立了這樣的形象？到目前為止，你覺得「崔凱莉」是貪欲的象徵嗎？其實，我也曾負面看待富人和金錢，但是我透過召喚財富的思維擺脫了這些枷鎖。

我認為的富人是這樣的

善良、願意幫助他人、懂得愛與被愛、受人尊敬、寬容、努力生活、願意照顧身邊的人、智慧、總能拉人一把、有自我決定權、為了社會利益率先挺身而出、愛護動物、保護環境的人⋯⋯

我對金錢的想法是這樣的

需要很多、能幫助他人、有的話會很方便、能解決多數問題、一定要有、可以分享、價值的象徵、可以治病、能給

人餘裕、想給媽媽的東西以及努力的成果⋯⋯

以上是我對富人和金錢的想法，這之中沒有任何負面印象，我潛意識裡對富人和金錢的正面想法引領我走到現在。如果我是一個辱罵、詛咒、蔑視富人和金錢的人，就沒有現在的崔凱莉了。

我用召喚財富的思維法將自己對金錢的肯定深植到潛意識中。我常常對自己說：「賺錢很簡單也很有趣。錢是善良的，能為我帶來幸福。錢也是無限的。」有些人認為錢是有限的，如果我拿走了，別人就分不到。這是錯誤的想法，富人們都認為金錢是無限的，實際上也是如此。

有錢人和錢多只是我們看到的結果，有果必有因，其原因的本質是思維。我為了成為富人改變了自己的思維，並開始召喚財富的思維法。

想法引發情緒，情緒則促使我們行動，行動會帶來結果。富人不全是騙子、貪心鬼、作威作福的壞人，只有幾個人會這麼做。財富就如同健康、愛情和幸福一樣重要，所以我們必須擁有，為此我們必須抹去隱藏在潛意識中對富人和金錢的負面想法。

如果你仍然無法去除所有的負面想法，我建議你發表宣言。宣言是指我們先說某些願景後再實踐。

例如，當你說我有百萬富翁的力量，但是此時你可能會告訴自己不要說謊，因為你還不是百萬富翁，然而正由於你不是，你才該宣布你要去實踐。發表宣言可以讓召喚財富的思維力在我們的潛意識中扎根。不要允許絲毫消極想法滲入你的心中，所以請用積極的態度發表宣言。

　　發表承諾時請想像相關的情境，並用五官來感受。我建議每天朗讀好幾次承諾，一百天後，你將會發現你的現金流變好了，因為你對金錢的態度發生了變化，所以言行也隨之改變了。

　　你還是想發財卻仇富嗎？那也沒關係，現在才剛剛開始。你可以看看富人們行善的故事，例如因為新冠肺炎公司銷售額減少，但是富人們提高員工薪資、下調房租、捐款給災民等善行。

　　如果聽到這些故事，你內心仍然對富人有負面的想法，那麼你可能很難成為富人，因為你的潛意識束縛著你。

　　若你真的想要財富，就不要再仇富了。

　　現在馬上拋開妨礙你累積財富的刻板印象，好好地為了錢進行召喚財富的思維法吧！

百萬富翁的宣言

- 我將透過財富享受我所想要的好東西。
- 我將用財富幫助所有我愛的人。
- 我願意接受巨額的資金和豐饒。
- 我已經做好接受巨大幸運和好機會的準備。
- 我存下的所有錢都會為我帶來更大的財富和富饒。
- 我支出的所有錢都會帶著更大的財富和豐饒回到我的身邊。
- 我愛錢，我一定會成為富人。
- 我的淨資產將複利成長，並以指數增加。
- 我的收入將透過多種方法逐漸增加，我對此感到幸福並充滿感激。
- 我擁有百萬富翁的思維力量。
- 金錢能幫助我實現一切良善的夢想。
- 我的生活在所有方面都富饒且有餘裕。
- 我是身心都健康的富翁。

你已經獲得了成功的火種

　　讓你成為富翁的不是收入。假設某人一個月的薪水兩百萬韓圜（約 4 萬 6 千台幣），他在支出伙食費、水電費、儲蓄和保險、自我開發費等後，很快就會發現自己面臨經濟困難。大部分的人會希望有更多收入來克服這種狀況，並過上有餘裕的生活。遺憾的是，獲得更多收入無法讓你成為富翁。

　　也就是說，即使這個人的薪水隨著時間增加為三百萬、五百萬甚至一千萬韓圜，仍然無法過上有餘裕的生活，因為薪水上漲後，人們就會發展出相應的生活模式，甚至因為預期今後薪水仍會上漲，所以消費有可能進一步增加。上述情況告訴我們，致富的關鍵不是收入，而是消費習慣。

　　人類一直以來都很關心金錢，在遙遠的古代，剩餘產物也用以物易物的形式作為貨幣。現在又是如何呢？黃金和鑽石，再加上比特幣等新興貨幣的出現，以及人們對股票的極大關注，人類的歷史可以說是金錢的歷史。然而，多數人似

乎只把焦點放在收入上。

事實上，是否賺很多錢，跟你能否成為富人沒有太大關係，理由很簡單，因為賺得多就花得多。想知道一個人是不是真正的富翁，得看他花完錢後剩下的淨資產有多少。

我一個月會計算一次淨資產，讓自己能客觀觀察資產是在減少還是增加，並控制消費和支出。計算純現金和現在可以立即兌換現金的資產有多少，我就可以了解除了公司營運資金之外的資產，以及收入和支出的差異。

從這個意義上來說，控制支出可以說是成為富人的關鍵。開好車、穿名牌衣，實際了解看起來像富翁的那些人後，會發現他們大多沒有多少資產。他們為了生活必須不斷工作。成為富人的重點在於儲蓄並創造種子基金，同時將錢投入到能賺錢的事物中。想成為富人就不能為了滿足眼前的需求而隨意消費，也不能將消費本身誤認為是經濟實力和資產。大部分的物品價值都是從買到的那一刻就開始下跌。大家消費之前要經常想到這個事實。

一個人直接透過勞動所賺得的錢是有限的。我們稱之為財富的財力大部分是因為建構了可以賺錢的系統才有可能實現。我不是為了錢而工作，而是錢為我工作。因此，若你想建構財富系統，首先必須控制消費，節省開支。要想製作雪

球，就必須先積雪，要想累積財富，首先要製造大筆資金，只有如此錢才能滾錢，並變成大錢。這就是「Wealthinking」召喚財富思維的基礎。

你將收入的百分之幾存起來？

你正在學習哪些投資法？

你的夢想種子基金是多少錢？

如果你可以馬上回答這些問題，你就是有準備的人，成功是遲早的事。如果你無法立刻回答也沒關係，馬上承認自己現在處於沒有準備的狀態，好好計畫後再付諸行動就可以了。沒有特別才能的人也能賺大錢的方法就是創業。

如果你讀過我的書《在巴黎賣壽司的女人》（파리에서도시락을 파는 여자），你就會知道沒錢、沒經歷、沒人脈的人也可以做生意。那本書介紹了選定事業項目的方法、尋找導師並與之學習的方法、吸引顧客、讓公司沒有社長也能順利運作的方法等所有經營公司所需的知識，你只需準備好，並且有策略地進行。

根據韓國統計廳的資料顯示，86％的創業者會在十年內倒閉，由此可見，創業確實是危險且要有足夠耐心的事，一旦出問題，將會面臨鉅額的賠償，所以我們不能盲目地往這條路走去，也因此我建議大家努力在現在的工作中成為頂尖

的人才。

　　精通自己工作的人，必然有透過多種方法創業的機會。一般家庭主婦會花很多時間做家事，是因為他們多半只急於盡快結束家事。當這些人在 YouTube 上看到家事相關影片時會有什麼感覺？他們會因為看到不可思議的整理和清潔方式而不由自主地鼓掌嗎？還是後悔自己可以用 YT 開展事業卻晚了一步？

　　企劃人人都能做的家事內容就是將自己的工作轉換為事業，重點在於創作者製作此內容的心態是「我把這件事做到最好」或是「這是只有我才知道的秘訣」。如何有效率地做好家事能讓創作者成為頂尖的人才。這呼應我前面所說的，通曉自己領域的人總會有機會創業。

　　如果你想透過召喚財富的思維開始創建會賺錢的系統，你必須具備四種心態。

　　讓你成為富人的關鍵不是收入，而是支出。

　　集中精力創造可以挑戰某些東西的大筆資金。

　　能夠賺大錢的方法之一是創業或投資企業家。

　　為了創業或是投資企業家，首先要精通自己現在的工作領域。

　　為了成為真正的富人，我一直強調召喚財富思維的重要

性。成為具有善良影響力的富翁是引領我們行動的基本動力。這表示沒有想法我們就無法付諸行動。如果現在你的腦中充滿了馬上行動的渴望，那你就等於已經獲得了成功的火種。

只要有一個火種，我們就能夠重新站起來，並且做到任何事。

一切的秘密都在召喚財富的思維

只要能熟練賺錢的方式，人人都可以成為富翁，也許你心裡會有這樣的疑問。

「那麼，為什麼有人能成功，有人卻依然很窮呢？」

這是個很好的問題。區分富人和窮人的理由只有一個，那就是想要獲得財富的態度。富人會接受在獲得財富的過程中發生的一切，有好事他們會謙虛地接受，有壞事就馬上改，最重要的是，他們不會想要白白得到財富。

然而，對夢想一獲千金的人來說，金錢是不會隨之而來的，即使偶然得到了，也一定很快就會不見，因為他們獲取財富的態度沒有誠意，所以馬上就會被錢看穿。因為錢也希望能找到一個好位置，所以它們會自己尋找能被合理使用的地方。我相信富人就是這樣擁有財富的。

大部分人都夢想成為富翁，但是他們卻不像真正的富翁那樣思考和行動。富人有明確的金錢觀和使用目的。金錢對他們來說不只是生存的工具，他們會思考金錢的宏觀和微觀觀點，並且思考出自己想成為富翁的理由。

獲取財富的過程如同走在碎石路上，如果你沒有明確的金錢觀和使用金錢的目的，只是盲目地賺錢，那麼你隨時都有可能被碎石絆倒。因此請讓自己有充分的時間去思考金錢相關的事，但是到了要賺錢的瞬間，就要停止思考，並且立即行動。

德國資產管理專家兼生活導師伊馮娜・森（Ivonne Senn）在《錢的感情（Treat Your Money Like Your Lover）》一書中提到了有意義的金錢觀。從百萬富翁到工讀生，她解決了數萬人的經濟困難和基本的生活問題。即使有錢也總是不安的人、就算努力工作也存不了錢的人、花錢也不愉快的人、嫉妒富人的人等，她在與這些來找她諮詢的人對談的過程中，得出了以下結論。

「一個人對待金錢的態度決定了他的人生。」

她表示：「錢會流向它們覺得最值得擁有財富的人。」

並強調我們都應該與金錢建立良好的關係。也就是說，我們應該把錢視為人，並且像對待戀人一樣去愛錢。例如，如果你決定投資收入的 10％，就應該遵守承諾。另外，如果某些消費讓你不快樂，就應該立刻停止以維持和金錢的好感情。

伊馮娜・森對金錢的態度與我在本書中強調的內容一致。從金錢的角度來看，想白白得到自己的人，以及真心想要自己的人，它會對誰敞開心扉呢？想必它會選擇後者。在把自己當作生存工具，以及懂得自己價值的人之間，金錢又會選擇誰呢？它也會選擇後者。如何，你現在還認為成為富翁的人都是偶然成功的嗎？

總而言之，我認為不是我們選擇金錢，而是金錢選擇了成為富翁的人。錢在我們的生活中扮演重要的角色，如果我們不確立與金錢的關係，就無法擺脫金錢帶來的壓力。如果你總是隨心所欲盲目消費，那麼你覺得錢還會選擇你嗎？

20 世紀引領女性時裝革命的法國設計師可可香奈兒對金錢表示以下看法。

「世界上有富有的人以及有錢的人。」

實踐召喚財富思維的你目的不能只是單純成為有錢的人，請記住，你的最終目的是要成為持續成長的幸福富翁。

你必須明確知道自己為什麼想要成為富翁，如果你不能

填滿內心的空虛，即使成為富翁也不會幸福。想賺錢的原因可能有很多種，但是我研究了一千名以上白手起家的富翁後，我領悟到若是停止成長就不會幸福。所以請不要忘記我們有錢，並且能持續成長的時候，我們才會感到幸福。最重要的是，只有我們擁有善良的影響力，並且貢獻社會，我們才能長久維持幸福。

為了養成致富的習慣，我們需要的要素之一就是強大的精神力。如果你有一定要致富的熱情意志，就必須擁有持續維持這種意志的精神力。很多人有玻璃心，所以難以持續做困難的事。但是精神力並不是天生的，而是透過不斷解決生活中的任務後得到強化。俗話說精神訓練，指的就是精神透過徹底的訓練後得到強化。

我接連度過了童年貧困、閱讀困難導致學習不振，以及事業失敗等艱難的時期。我曾經以為自己什麼也做不了，但是重新站起來後，我不得不面對那些讓我痛苦的經驗。我在痛苦的時期不斷訓練我的精神力，現在我再也不會想起那些時期的痛苦情緒了。

我現在只剩下透過召喚財富的思維克服困難的心情，以及難以用言語表達的感激。以下是我為了透過召喚財富思維強化精神力而運用的思考習慣。

停止怪罪他人，專注在自己的目標上

　　如果真的要責怪一個人，就請怪自己，唯有如此，你才能從失敗中學習，並且把失敗當作成長的機會。然而，有人錯誤理解這句話的意思，所以被罪惡感折磨，我不是要大家自責，而是虛心接受已經發生的失敗和錯誤，並集中精力解決問題。

　　看似擁有強大精神力的富翁們其實和你沒什麼不同，有錢人也會戒菸失敗，或無法抗拒糖和鹽的誘惑，豈止如此，有時他們甚至會偏離目標。他們也像你一樣會感到挫折和後悔，但是他們恢復得比你更快，因為他們不會把焦點放在失敗上，而是集中在前進的道路上。

　　請想像你的生活是一本書，你不必過於專注在某一頁的錯誤，也就是說，即使你不小心讓那一頁的墨水掉色，或是因為疏忽而導致書頁裂開，也不要過於糾結或責怪自己，只要翻到下一頁就可以了。你只需要注意不要再弄髒或弄破下一頁就好了。當然，即使再次發生這樣的事，只要再翻頁就可以了。

　　「怪罪」源於人類想要防禦的心態，這是為了在失敗後得到他人安慰的機制。但是請大家想想，發生問題時，「怪

罪」能改變什麼？你應該也知道，只是怪罪無法解決任何事。因此為了訓練出堅強的精神力，請停止責怪，並採取行動，實際解決問題，這種態度才能成為創造奇蹟的火種。

理性分析原因

　　一個人如果反覆失敗，不免會懷疑自己，並且漸漸不相信自己的能力。剛開始他可能只會認為自己是沒有毅力的人，但是如果他持續懷疑自己，他就會認為自己是沒用的人，最終走上失敗者的道路。

　　如果你面臨問題，請理性地找出原因，世界上沒有什麼東西是永恆不變的，所以失敗也只是一時的。昨天的我是失敗的人，但是今天的我只是曾經失敗的人。讓我們思考的層面變得更加豐富，這就是召喚財富的思維。請從理性分析失敗的原因開始，只要正確分析失敗的原因，你就不會再懷疑自己。

　　請透過這種合理的分析改變你的情況，不要把一時的失敗，或者因為失敗後暫時的停頓看做是永久性的失敗。意志堅強且有毅力的成功人士也經常失敗，重點是失敗後不被負面情緒所左右。

集中精力在自己可以控制的東西上

精神力強的人具有快速恢復的特性，他們會把精力集中在自己能控制的事情上，並果斷放下無法控制的事物。例如，社會結構問題、天災、不景氣、遺傳或出生環境等都是我們無可奈何的。請不要執著這些我們無法控制的東西，並專注在提升自己和改善可以改變的事物上。

控制力是指為了達到我所希望的生活而一點一滴前進的力量，也是透過將精力集中在我能改變的事情上，從而開啟新版圖的力量。如果你常常覺得努力卻沒得到好結果，首先要確認自己的心態是否正確。散亂的心無法成就任何事。你人生的主人是你，從 20 多歲開始，無論你的人生如何發展，都必須有對自己負責的心態。我們都不能放鬆警惕，應該控制好自己可以控制的東西，好好朝人生的目標前進。

克服玻璃心，擺脫一切消極事物，朝自己的目標推進，是一件值得我們驕傲的事。請不要放棄挑戰，因為只有你能決定你的人生。

無論你想做什麼，事情都會如你的想法進行。

無論你喜歡什麼，都能吸引到該事物。

無論你想要什麼，都會如願以償。

我曾經失敗了，但是以那個失敗為跳板取得了更大的成功。在快速發展的時期，我果斷退出了經營，但是退了一步後，更大的世界反而在我眼前打開了。讓這樣的成長變成可能的就是召喚財富的思維。過去尚未嶄露頭角時，沒有人期待我，但是成功創立了 Kelly Deli，並且退出經營第一線的我現在仍在成長。我究竟是如何擁有以前的自己即使拼命努力也無法得到的財富呢？到底是怎樣的學習和實踐，使我在短短五年內就取得了過去的自己一百年都難以得到的大成功呢？這一切的秘密都在召喚財富的思維，召喚財富的思維是真正帶來財富的思維力量。

我把召喚財富的思維的種子種在潛意識裡的時刻就是我的朋友英淑去世的時候，那天她對我說：「妳和我雖然都窮得要命，但是我們一定會讓大家看到我們什麼都能做！」

幾年前，我出版了《在巴黎賣壽司的女人》一書。我在可說是人生重要階段的 40 歲經歷了巨大的失敗，當時背負巨額債務的我陷入了兩年以上的絕望之中。世界上有很多像我

一樣陷入絕望的人，我很幸運得到了重新開始的力量，但是有很多人因為挫折而自殺。在無數的死亡中，沒有比自己殺死自己更悲慘的了。

儘管如此，我還是希望自己能給認為死亡是唯一選擇，或是自暴自棄，無法重新開始的人一點小小的希望之光。因此，《在巴黎賣壽司的女人》闡述的重點是沒錢也沒背景的我是如何克服失敗，並重新出發取得成功。書中也收錄了尋找事業項目、向世界一流專家學習、對出經營後讓公司也能有效運作的方法等我實踐過的成功方法。

大家現在閱讀的本書則是希望獻給希望運用良善影響力成為富人的讀者，因此本書講述的是累積財富的方法，而我就是運用這些方法成功的例子，也有許多人和我一起實踐了這些方法後取得成功。財富並非專屬於某些人，如果你能領悟到召喚財富思維的意義和價值，財富的世界就會在你面前展開。

現在，輪到你了！

第二部

召喚財富的思維，
「Wealthinking」

財富的基石，思維的根源：
1 核心價值、2 做決定

　　看著冬天冒著刺骨的寒風綻放的花木，我想這才是生命的本質。與因為小小的缺乏就崩潰的人類相比，這簡直令人驚奇。

　　我們只要像這樣不論發生什麼都不放棄，並戰勝困難，就能結出美麗的果實。當然，前提是你種下了什麼種子。你現在的情況說明你之前的生活種下了什麼，以及你對這些種子的熱愛程度。種瓜得瓜，種豆得豆，我們的生活從不說謊。

　　如果將實現夢想比喻成得到豐盛的蘋果果實，那麼為了收穫大量色澤好的蘋果，我們必須剪枝，因為唯有切除不必要的枝條，營養成分才能順利擴散。然而，比剪枝更重要的是扎根。從表面上看，似乎是蘋果樹的樹枝戰勝了各種困難，但下面要有強大的根才能讓蘋果樹不輕易動搖。

　　從這個意義上來看，我們應該把創造財富真正需要的價

值扎根在生活中。我把這稱為「吸引財富的七個思維根源」。雖然剛開始看似是人要養成習慣，但是最終你會發現是這些習慣造就了成功的人。因此，如果你想獲得財富，就要扎下能獲得財富的習慣之根，唯有如此你的生活才不會輕易動搖。

第一個思維根源，核心價值

如果你能知道自己重視的價值為何，那你就不難決定人生的航程。因此，你必須尋找你內心真正的核心價值（Core Values）。樹立核心價值後決定的目標，即使把刀架在你的脖子上，你也不會輕易放棄，因為核心價值是讓你堅定的力量。那麼核心價值是什麼呢？

核心價值是決定我們思考和行動的標準。企業的核心價值是指該企業想要前往的方向和目標，因此企業不會製作不符合核心價值的商品，因為這會模糊公司的本質，並損害其存在的意義。

個人的核心價值也是如此，在我們找到核心價值的瞬間，我們就會有勇氣拒絕模糊生活本質，且破壞自己存在意義的事。生活當然有很多變數，但是如果我們知道自己的核心價值，我們可以用最少的精力和時間有效率地達成目標，

並用剩下的時間和熱情實現另一個目標。

　　尋找我們內心悸動的核心價值不是一件容易的事，缺乏核心價值的目標我們很難快速實現，也容易中途放棄。然而，放棄目標帶來的心理剝奪感是難以衡量的，因為如果我們常常放棄目標，我們就不會再相信自己的能力，這稱為失敗感。這種感覺會讓我們在開始做事前就覺得無力，而這都是因為我們在不了解核心價值的情況下設定目標而產生的。因此，我們應把尋找核心價值放在首位。這個核心價值就是第一個扎根於我們生活的思維根源。

　　我準備了 60 個核心價值，請從中選出你認為最重要的五個核心價值。

　　先挑出所有你認為重要的詞，並一一去除對你來說沒那麼重要的價值，只留下 10 個。如果沒有你認為重要的價值，你可以自行加入。我建議大家同時記錄你認為選出的核心價值重要的原因，這對選出五個核心價值將大有幫助。

核心價值的種類

成就 Achievement	冒險 Adventure	真實 Authenticity
變化 Change	奉獻 Commitment	社群 Community

貢獻 Contribution	勇氣 Courage	創意 Creativity
學習／教育 Education	效率 Efficiency	同理 Empathy
經驗 Experience	公平 Fairness	信念 Faith
朋友 Friends	寬容／慷慨 Generosity	成長 Growth
謙虛 Humility	幽默 Humor	理想的 Idealistic
邏輯 Logic	忠誠 Loyalty	開放／包容 Openness
他人的認同 Recognition	結果導向 Results	滿足感 Satisfaction
成功 Success	後援／支持 Support	有系統的 System
平衡 Balance	美麗 Beauty	挑戰 Challenge
競爭 Competition	自信 Confidence	一貫性 Consistency
好奇心 Curiosity	尊嚴 Dignity	多樣性 Diversity
平等 Equality	倫理 Ethic	卓越 Excellence
名聲 Fame	家庭 Family	自由 Freedom
和諧／和睦 Harmony	健康 Health	正直／誠實 Honesty
獨立 Independence	個性 Individuality	領導能力 Leadership

熱情 Passion	過程導向 Process	現實的 Realistic
安全 Safety	服務 Service	安定感 Stability
團隊合作 Teamwork	透明度 Transparency	財富 Wealth

　　一旦你確定自己的核心價值，決策過程就會變很簡單，這樣一來，你就能在生活各方面打造出更肥沃的土壤。你已經選了十個重要的核心價值了嗎？那麼現在開始篩選出五個吧！如果你明確找到自己嚮往的價值，就會明白自己真正想要的生活樣貌。今後無論你要做什麼，都請運用這些核心價值做出決定，優柔寡斷、三天打魚兩天曬網、中途放棄等情況，從此都將遠離你。

　　建立核心價值並不是要大家放棄其他價值，而是為了在重要的時刻引導大家快速做出決定並行動。在公司工作，或與子女、配偶、朋友維繫關係時，如果用這些核心價值為標準做出決定，就可以享受更有建設性的生活。

　　你現在已經成為了解自己核心價值的人了，領悟核心價值後要做的事情是設定目標和夢想。目標是能讓我們超越自己的界限，引導我們到無限能力世界的裝置。但是我們不能

盲目制定目標，而是必須依照以下六大原則，使我們處在可以實現目標的狀態。

不要事前斷定可能性

在設定目標和夢想時，我們最不應該做的就是提前斷定實現的可能性。樹立核心價值後，要達成目標的心態比什麼都重要，制定目標時我都是這麼想的：「雖然我現在還不知道實現這個目標的方法，但是我一定會找到的！」最重要的是乘勝追擊，並且將注意力集中在目標上。

目標必須明確

「我要成為富翁」、「我要減肥」等模稜兩可的目標是很難實現的。我們必須設定能夠準確掌握實現那瞬間的目標。單純想要成為富翁或減肥等目標無法預測什麼時候會達到，所以是很模糊的目標。所謂好的目標應該能夠數據化，例如「我要成為擁有十億元的富翁」或是「我要減掉十公斤」等明確的目標。

目標必須能夠衡量

制定明確的目標後，我們要衡量通往目標的整個過程。

這樣我們就能實際感受到變化，也能讓我們在朝目標前進時變得更愉快。另外，衡量進展也能幫助我們在實現目標的過程中掌握自己的位置，進而影響毅力和意志力。因此目標一定要能夠衡量。

目標必須遠大

比起目標訂得小的人，目標遠大的人更具革新性，實現目標的推進力也更強大。目標遠大不等於虛無飄渺，遠大的目標可以讓我們產生完全不同的行動，因為目標本身就有強大的力量，所以一定要制定遠大的目標，並盡情想像自己達到的狀態。

必須是可實現目標

我說要設定遠大但是可實現的目標，這讓你感到困惑嗎？我所說的「可實現」的意思是設定階段性的目標。目標越遠大就約需要時間和熱情，因此在設定遠大的最終目標時，也一定要制定實現這一目標的具體階段性目標。也就是說，在擁有遠大目標之後，為了能夠實現目標，我們應該將目標分割成小塊。

請分割五年或十年等中長期的目標，制定今年一年內要

達成的目標，而且不要就此止步，請再分割一年的目標，設定半年、每季、每月、每周和每天的小目標。這樣執行起來就容易多了，也能讓我們像爬樓梯一樣，每實現一個目標，意志就更加堅定，並且可以一步步達成最終的目標。

要設定最後期限

有些人認為設定最後期限是一種壓力，但是最後期限如同為目標注入生命力。沒有最後期限的目標是虛幻的，最後期限能告訴我們要集中精力到什麼時候。

假設你決心要成為擁有十億韓圜的富翁，請設定最後期限吧！設定最後期限的理由是為了勾勒出你想要的未來藍圖，沒有設定我們就很難想像未來，想像不到就很難達成。如果你在百歲或死後成為百億富翁，那到底有什麼用呢？

第二個思維根源，做決定

知彼知己，百戰百勝。現在，請你以核心價值為基礎設定目標吧！很多人都想減肥、致富或事業有所成就，但是幾個月後多數人都仍在說同樣的話，因為他們往往只是嘴上說要實現，卻沒有付諸行動。甚至還有人連續幾年重覆同樣

的話。

我認為奇蹟只會降臨在行動的人身上。現在請馬上做出決定吧！請不要將注意力放在讓自己痛苦的問題上，而是應該集中在具體的解決方案上。做出決定後請一定要付諸行動，我尊敬的美國潛能開發家安東尼‧羅賓斯（Tony Robbins）表示：「做出的決定只有在付諸行動時才有價值！」

實現目標最困難的一點就是真正做出決定。請大家不要浪費時間擔心自己是否能做到，取得大成功的人多半價值體系和人生目標都很明確，所以一旦做出決定就會馬上付諸行動，而我認為做決定本身就是一種行動。

然而，後續的實踐行動也必須跟上才算是真正地做出決定。做決定是引發行動的根源，也是實現大目標的動力。我們的每分每秒都很寶貴，所以做出決定後就應該馬上往前推進，不要浪費時間煩惱行不行，即使失敗了，就再重新做決定並行動，這就是我成功的方式。

你的模式又是如何呢？比起做出決定，你更常陷入猶豫，連試都不敢試嗎？你現在的狀態是你過去所做的決定帶來的結果，你滿意嗎？如果你現在不下定決心實踐任何目標，未來也會和現在一樣。你想要改變嗎？方法很簡單，就是養成連小事都做好決定並好好實踐的習慣就可以了。

越常做決定，就越能做出更好的決定。人如果突然做之前不熟悉的運動，全身的肌肉都會很酸痛，但是經歷過這樣的痛苦後，我們就會長出強壯的肌肉。做決定也是一樣，剛開始我們會擔心自己是否能做到，但是果斷做出決定並付諸行動後，我們就會擁有過去的生活中沒有感受到的活力。

　　我原本計劃好的演講全部因為疫情而取消，雖然我感到非常遺憾，但是我不因此驚慌，而是透過IG傳達演講的資訊。我決定連續一百天發表自我開發名言，發表結束前我決定與造訪我IG的人一起進行一些挑戰，所以之後我開始了一百天的身材雕塑並拍照上傳的挑戰。我就像這樣一一完成了所有的目標，並意識到要做出決定很難，但是實現目標反而很容易。

　　過去的我沒有錢，也沒有人脈。高中畢業後，我決定去日本留學。當時的我覺得這個決定很可怕，也不知道自己是不是會死，所以我寫好給父母的遺書，告訴弟弟如果一年內我沒有音訊，就轉交給父母。但是抵達日本後的我幾個月後又回到了韓國，因為我實在無法適應日本。

　　我煩惱如何在首爾繼續生活，也覺得自己很傻，並因此討厭自己。所以我抱著破斧沉舟的心再次選擇了日本之行。最終我主修了夢寐以求的時裝設計，並以優異的成績大學畢

業。我透過失敗做出了更好的決定，這個失敗成了我人生的大禮。其實我現在的生活仍有許多失敗，所以有時仍會埋怨自己像傻瓜，但是我自責的時間很短，我很快就會開始考慮下一步的行動。

如果你做出了某個決定，就應該以開放且彈性的態度擴大選擇範圍，因為我們想要的是結果，而不是所有的步驟都按原定計劃進行。我在第一份事業失敗後想找工作，但是無論怎麼找，也找不到公司願意雇用像我這樣無能的人，所以我再次決定創業。

我決定如果沒人雇用我，我就聘用自己，我思考自己比歐洲人更擅長什麼，並努力發揮在日本的經驗和身為韓國人的優勢。最終我選擇三角紫菜飯包做為創業項目。

我往返韓國和日本，學習超市和三角紫菜飯包工廠系統，以及製作三角紫菜飯包的機器，並做了許多準備。但是，在準備快完成時，我得知想在法國超市供貨需要幾個條件，第一就是獲得 HACCP 認證的無菌設備工廠，第二是需要大資本。因此我立即收回這個決定。再好的生意，也不能一開始就背負過重的負擔。

這是因為我當時做出此決定的基礎是不再借錢或負債。因此，現在的 Kelly Deli 是從賣壽司便當開始。我們沒必要

讓做出的決定過分折磨自己，而是要時刻考慮自己的情況和狀態，以靈活的心態前進。在到達最終目標的過程中，我們必須不斷修改軌道。

財富的基石，思維的根源：
3 宣言、4 信任、5 信念

第三個思維根源，宣言

再堅定的決心如果只放在腦中，就等於沒有，請說出來吧！請說出引領你前進的決定。我們做出決定後，為了不失敗，必須發表宣言。

我喜歡做出決定後發表宣言，所以如果我有想達成的目標，我就會告訴身邊的人。但是最重要的是向自己宣布。發表宣言是為了幫助我們在前往目標的道路上不分心，幫助我們設置護欄，直到我們到達目的地。發表宣言後，我們就能比預期的更容易達成目標。

我在透過 IG 進行挑戰時，很多人都表示要一起進行一百天的挑戰，大部分人都公開宣布，並承諾一定會達標。這些公開發表宣言的人無論發生什麼事都會堅持一百天，因

為他們在通往目標的道路上建起了護欄。最後，兩百個人中有超過九十個人完成了挑戰，也就是有將近一半的人成功了。

我也參與了這個挑戰，中途從沒想要放棄，因為我向很多人宣布了，所以能在這條路上堅持下去，也因為有一起努力的人，所以我做得更加輕鬆。我們在實踐目標的過程中會出現許多讓人想放棄的情況，我們也會因此產生許多藉口，但是藉口的增加會讓我們遠離目標。因此，如果你想實現目標，請一定要宣布，讓全世界都知道你已經下定決心，踏上通往目標的道路。

如果你是一個要成為主管的人，那麼更應該重視宣言的力量，不發表宣言的人當中沒有真正的主管。我們日常生活中常見的主管有兩種，我以和我共事的兩位主管為例。

類型 1. 不想承擔風險也不宣布的主管

他是一個認真工作，每件事都竭盡全力，且熱愛公司的主管。但是他不會宣布要為了目標做到什麼時候，就只是埋頭苦幹。

類型 2. 承擔風險並宣布的主管

他會宣布明確的目標，告訴大家何時要完成各自領域的

工作，在我看來，這些往往是令人膽戰心驚的大目標。

　　類型 2 的主管有時會因為無法實現自己宣布的目標而失望，所以乍看之下，類型 1 個主管似乎是公司更需要的人。類型 1 的主管為了避免風險，所以不宣布任何事，因此他從未違背承諾。他認為只要有熱愛公司的心，並努力工作，大家都能做得很好。但是從結果來看，類型 2 的隊伍成果更好，公司裡的追隨者也更多，理由是什麼呢？

　　我的分析結果顯示，類型 2 的主管宣布的目標百分之七十以上都有達成。也就是說，假設他預計要在兩年內完成十個計劃，他就能成功七個，只失敗三個，那是巨大的成果。成功的七個項目對組織和員工都產生了很大的正面影響。那麼，失敗的項目就沒有意義了嗎？不是的。類型 2 的主管失敗的三個項目成為他今後進一步成長的基礎。但是類型 1 的主管沒有發表任何宣言，雖然沒有失敗，但也沒有成長。

　　人類在成長時會感到幸福，沒有成長的人生是無趣的。在 IG 上進行運動挑戰的人當中，有喜歡運動的人，也有討厭運動的人。兩百個人宣布參與挑戰後，達成目標的人高興地表示：「我對自己的成就感到吃驚和開心！」這個挑戰為平凡的生活增添了生機，並讓人感受到喜悅。不僅是身體發生了變化，他們也產生可以做到其他事的自信，這都是因為他

們感受到自己成長了。

　　偶爾會有人表示如果自己發表宣言後失敗會很尷尬。當初的兩百個人中有一半以上沒有完成挑戰。但是與從一開始就不嘗試的人相比，他們做了更多的運動，也學到了更多，並成長了。即使是缺乏毅力的人，反覆挑戰也可以成功，所以不要害怕發表宣言。宣言除了在我們通往目標的道路上設置護欄之外，還有很多優點。

　　只要對身邊的人說：「我要改變！」他們就會對你產生一定程度的信任。在組織中也是一樣。告訴我們只要維持現狀，不要給組織帶來損失的主管，算得上真正的好主管嗎？你會想跟隨只挑輕鬆的路來走的主管嗎？

　　發表宣言能讓我們在想放棄的時候意識到自己不是一個人。從這個角度來看，我們應該問自己。

　　你下了什麼決定？

　　你想向誰宣布並得到信任？

第四個思維根源，信任

　　所有的成功都是從愛自己開始的，只有愛自己，才能在發生問題時找到解決方法。

曾經有一段時期，我相信只要有錢就能抓住幸福。那時的我看似蒸蒸日上，但是心中其實充滿不安。結果在我 40 歲時，一切都崩潰了。我很難愛上貧窮、肥胖、患有閱讀障礙、事業失敗且負債累累的自己。然而，我後來仍決心要愛自己。儘管我在巴黎沒工作、沒錢、沒朋友，非常孤獨，我依然愛自己。

愛自己的重點是比起「沒有」，更要專注在「有」上面。我把注意力放在我有房子、早上還能睜開眼睛、可以走路，身體很健康等事實上，並且每天對自己說我愛妳。最重要的是，我像許多成功的人一樣相信自己。

大獲成功前我在他人眼中雖然看起來像在做著荒唐的夢，但是我仍義無反顧地為了實現夢想而不斷前進。我真的相信自己會成功嗎？不是的，是我決定相信自己，並且為了這個決定竭盡全力。如果你想成功，就要領悟這種信任的力量。

我在接受採訪時常被問到的問題是「妳是否認為 Kelly Deli 會成功？」我總會回答「是」，並且以準備該事業的努力，以及員工的評價為例，增加我的可信度。我真的知道 Kelly Deli 百分之百會成功嗎？我並不是單純這樣相信，而是為了讓我的精神和肉體配合我的目標而決定相信。

我來介紹一個同樣看似毫無來由地相信自己的吹牛大王。一位年輕人因為沒錢買辦公室，所以決定在妻子租的 20 坪新婚房裡創立公司，並且在 18 名員工面前這樣宣布。

　　「我們將建立能生存百年，並且成為全球前十名的網路電子商務公司。我們的競爭對手不在國內，而是在矽谷。」

　　這名年輕人在 20 多坪的空間裡與 18 名同事一起創業，他當時的資本只有七千萬韓圜。

　　出生貧寒的他因為得不到金錢上的支援，再加上長得醜，所以在面試中落敗無數次。這不是他人生最壞的情況，由於他的頭腦不聰明，不僅在高中考試中失敗，還考了三次大學入學考。他在第一次考試中，數學滿分 150 分只考了 1 分，第二次也只考了 19 分。

　　在這樣的條件下，他如何對員工宣布要建立生存百年，且超越世界知名網路公司的公司呢？聽起來就像在吹牛。

　　然而，他確實遵守了自己說過的話。他就是中國最大的網路購物中心阿里巴巴的馬雲。馬雲是自行創業的冒險風格企業家，他從一萬五千韓圜的受薪階級變成身價四十兆韓圜的財閥。阿里巴巴的銷售額超越三星，成為世界最大的電子商務企業，員工也從剛開始的 18 人變成超過十萬人的團隊。據說，即使他每年花費十億韓圜，也要近四萬年才會花完。

沒有什麼可炫耀的馬雲在發表宣言後相信了自己的宣言，最終獲得了成功。他為了專注在自己想達成的目標上，決定相信。你仍認為這些成功的案例與你無關嗎？你依然覺得自己不具備任何成功的條件嗎？不是那樣的。為了獲得成功，你必須相信自己，不要因為之前沒成功過，就認為以後也不會成功。別人都選擇相信，你為什麼不做呢？

　　我每次演講時都請觀眾一起喊口號：「He can do, She can do, Why not me?」

　　他能成功，她也能成功，為什麼我不能成功呢？因為你到目前為止都不斷失敗，所以你認為以後也不會成功嗎？請相信接下來的人生，並想像你未來的藍圖吧！那樣的信任能把你送到你想要的地方，請告訴自己：「我相信你！」

第五個思維根源，信念

　　為了成功，首先要具備可以做到的信念。如果說信任是在我們的意識中，那麼信念就是存在潛意識中。存在我們意識中的東西會隨著情況而變化，但是潛意識中的東西不會輕易改變。意識中的信任會隨著你下定決心而產生，也可能會因為你的決定改變而消失，但是潛意識中的信念不會隨著你

意識中的信任出現或消失。

　　我在此問你一個問題，你相信自己能實現自己想要達成的一切嗎？多數人很難輕易回答這個問題。我不是因為相信自己有實現目標的方法，而是有相信自己的信念。你如果希望毫不猶豫地回答這個問題，就要在潛意識裡植入強烈的信念。接著我想提出另一個問題，你對自己的信任有多少分？

- 1 分，完全不相信
- 5 分，有時相信，有時不相信
- 10 分，我相信自己能夠實現所希望的一切

　　你的分數是幾分呢？為什麼打了這個分數呢？信任之所以重要，是因為這是讓我們能朝目標前進的火種，那麼我們該怎麼做才能讓信任的火苗熊熊燃燒，且不熄滅呢？

　　對自己的信任只有 1 ～ 5 分的人應該多愛自己，比起他人，更應該把自己放在首位。如果你連自己都不愛，又怎麼能為別人做出貢獻呢？雖然每個人每天都只有 24 小時，但是請至少要花一小時以上的時間讓自己成長。

　　我百分之百相信自己，但是也不是從一開始就如此。我為了保持最佳狀態，花費大量時間運動、冥想、發表宣言和閱讀。這些活動都是為了使我成為能讓自己信賴的人。

如果你想使意識中的信任變成信念並植入到潛意識中，只能反覆練習。人類在成長的時候就會感到幸福。慢慢地改變習慣，隨著時間的推移，你的人生就會有巨大的成長，你相信自己的心就會成為潛意識中的信念。一次改掉一個小習慣就夠了，但是最重要的是要反覆進行，不斷改進。

財富的基石，思維的根源：
6 確信、7 提問

第六個思維根源，確信

　　我一直以來都覺得自己是很懶惰的人。小時候，我總是比其他手足更晚起，所以我覺得一大早起來幫忙農事和家事的兄弟姊妹真的很了不起。看到這樣的我，父親常說我懶得像豬一樣。到了五十多歲，我依然覺得自己是個懶惰的人。我認為自己難以在短時間內完成約定或計劃，並總是因此感到焦慮。父親的話從小滲透到我的潛意識中，塑造了我認為自己很懶惰的信念。

　　但是仔細回想，我其實是一個有責任感，並且總是能完成所有工作的人。從到首爾當女工並在高中學習開始，只要是重要的工作，我都能比任何人還要出色地完成被賦予的任務。儘管如此，我還是斷定自己很懶惰。

當我的生活從失敗中恢復到一定品質後，我突然產生了這樣的想法：「如果我每時每刻都毫不猶豫地行動，即使失敗了也馬上站起來的話，我邁向成功會縮短多少時間呢？」好像就是在那瞬間，我意識到在潛意識中佔據一席之地的壞信念不知侵蝕了我多少時間。

　　我本以為這個問題只發生在我身上，但是透過演講和電子郵件收到的眾多提問中，我發現了一個共同點，那就是這些向我向我吐露煩惱的人所擁有的問題根源也是潛意識中的負面想法。信念是經過反覆侵蝕後刻印在我們的潛意識中，許多人常常讓與事實不符的錯誤認知成為信念。

　　雖然很多人都想成為富翁，但是他們的潛意識中卻對富人有負面的想法，無論他們怎麼用正面的話語趕走這種想法，都是徒勞的，因為他們心目中的富人要麼是壞人，不然就是騙子。

　　我認為這與想成為鋼琴家的人覺得優秀的鋼琴家很壞是一樣的道理。在充滿熱情並竭盡全力實現夢想都不夠的情況下，他們竟然還否定和辱罵，這是多麼地諷刺。

　　我們的強烈確信來自於信念，如果我們無法確信，就應該重新檢視自己的信念，並訓練自己能夠朝想要的方向前進。一個人的信念無法被強化為確信的理由是因為其潛意識和自

己想要的東西不同。只有當我們的信任和信念都變完整，我們才有辦法確信，但是大部分人都無法達到這個階段，因為他們潛意識中的錯誤想法總是讓他們猶豫不決，無法真正下定決心並付諸行動。

建立核心價值的你決定成為富翁，並向他人發表宣言，剛開始你可能也不太敢相信自己。可是別人都做到了，你為什麼不相信自己也能做到呢？連我這種含著土湯匙出生的人都做到了。請你像超人一樣，挺起胸膛大聲告訴自己：「我是說得到做得到的人！」

你現在正處在確信的十字路口，當你闔上本書時，你必須成為一個全新的人，你的眼神將變堅定，臉上充滿生氣，並且渾身充滿沒有什麼辦不到的力量。你必須相信不論是什麼，只要你去實踐，就一定能做到。別人相信你沒有任何意義，如果你不信任自己，一切都是假的。

不要一開始就從很難改變的東西下手，請先從改掉妨礙生活的小習慣開始，因為品嘗成功的甜蜜是非常重要的，你必須先有自己可以做到的氣勢，並藉由持續改進小習慣，反覆感受成功的深厚餘韻，這樣一來，強烈的信念就會成為潛意識。那時，你將能堅信自己可以實現目標，並且有強烈推進的動力。不確信的人是無法達到目標的。

請不要忘記，正如同你渴望成功那樣，成功也很希望來到你身上。

第七個思維根源，提問

非洲喀麥隆有這樣一句俗語：「向自己提問吧！提問者無法迴避答案。」

在自己的領域取得驚人成就的人不會停止提問。他們的提問隨著時間和熱情的投入變得更多且更深入。孩子們的提問之所以驚人，是因為他們總是完全投入到自己有興趣的東西當中，也因為這樣的投入，所以會得到意想不到的點子。

提問的真正妙趣在於可以向自己提問。我們為了擁有財富而提出的問題往往足以徹底改變人生，因此向自己提問的習慣很重要。我們不能單純只用頭腦思考問題，而是要透過不斷的提問得出答案，這樣的過程才能讓我們的內在更成熟。提問才是實現財富的核心根源。

因為新冠疫情，很多事情都變了。工作、教育、聚會的不便成了日常，也出現了 COVID-19 Blue、新常態（New Normal）、非接觸（Untact）、與病毒共存等過去沒聽過的名詞，人們的生活態度也產生巨大的差異。

當像新冠肺炎這樣的大危機來臨時，一般人會這樣想。

「怎麼辦？完蛋了！」

「如果罹患新冠肺炎或失去工作怎麼辦？」

「若景氣進一步惡化，我的事業會不會出問題？」

相反地，成功人士反而會在危機來臨的時候問自己這些問題。

「在這種困境下，我的優點是什麼呢？」

「如果想把危機變轉機，我該怎麼做呢？」

「在這個無法面對面接觸的時代，我需要重新學習什麼呢？」

「如果新冠肺炎疫情遲遲無法結束，我該制定什麼樣的對策呢？」

你感覺到差異了嗎？只要是人，都無法避免危機來臨時的擔憂。但是在困境之中，如果你能向自己提問，你就可以更明智地應對，因為你必須給出答案。擁有財富和時間餘裕的成功人士也和我們面臨一樣的危機。他們只是不斷透過提問才克服問題。他們也會在找到答案後立即付諸實現。世界著名劇作家蕭伯納曾這麼說：「一般人只看到已經發生的事情，並質問為什麼如此呢？我卻夢想從未有過的事物，並問自己為什麼不可以？」

我們的命運也受到提問方式的影響，如果問得不好，還不如乾脆不要問。為了找出問題的答案，你一定要養成正確提問的習慣。

　　我的童年非常貧窮，某次我在想起過去的痛苦和困難時，我問自己：「我該怎麼做才能將我的缺點昇華為優點？我羞愧的過去能為誰帶來力量？我要做什麼才能將我的秘訣傳達給別人呢？」

　　當我繼續提問時，我發現我無法擺脫讓我重生的母親的想法。所以我立刻問自己：「媽媽總是覺得虧欠我們，我該怎麼告訴媽媽我很高興來到這個世界呢？即使對媽媽說一百遍謝謝也沒有用，有沒有其他好辦法呢？」

　　為了解決以上的問題，我和媽媽一起參加了名為《早安庭院》（AM Plaza ／아침마당）的電視節目，還寫了書，成為暢銷作家，所以媽媽在村裡成了名人。鄰長、里長、市議員、國會議員、鄰里市集的小攤商都開始問媽媽，我們這個里怎麼出了這麼優秀的人，媽媽是怎麼養出這樣的女兒的？那時，媽媽才自豪地講述我小時候的故事，並且開始認為自己沒對孩子做錯很多事。

　　突然遇到巨大難關時，我們一時會覺得沒有答案，但是我希望大家不要認為不會有答案，只是目前尚未找到答案。

雖然還不知道解決眼前困境的方法，但是我希望大家相信一定會有辦法，只要堅持提問並回答問題，你一定會找到答案的！輕易找到的答案不會成為改變人生的火種。

然而，在面臨死亡時，當我問自己今後該為什麼而活下去時，我找到了答案，媽媽成了我存在的理由。有許多人透過提問找到自己想要的答案，所以我希望大家不要灰心，請繼續問下去，持續尋找你要的生活。如果你夠迫切，答案一定會出現在你面前。

我到目前為止一直在談論召喚財富思維（Wealthinking）的本質，也就是七個思維根源。人生就好比培養一棵蘋果樹，並從中獲得蘋果。我們該如何才能摘到飽滿的蘋果呢？我們要做什麼才能養出能支撐蘋果重量的樹枝呢？為了得到好蘋果，在不剪去過多蘋果的情況下剪枝是非常重要的，更重要的是要扎根於地下深處，才能戰勝風雨交加的極限狀況。

但是很多人都在不知道這一事實的情況下認為自己能實現夢想。這樣的人起初雖然充滿熱情，但是隨著時間的推移，他們會越來越沒勁，在向著目標前進的道路上會出現很多困難，他們很快就會疲憊不堪，最終就放棄了。因為他們關注的是蘋果而不是根，所以很容易動搖。凡事都有順序，所以我們首先要集中精力種好種子，並紮好根。如果你在潛意識

裡種下好的種子並用心培養，你的夢想總有一天會實現。

你的夢想是什麼？被問到真正想做什麼時，有九成的人會這樣回答：「我想辭去現在的工作，尋找我想做的新工作。」這句話一半是對的，一半是錯的。能從事夢想工作的人不多，不知道是不是因為這個原因，重新回學校念書、辭職去旅行、創業等把存下的錢都花光的人不計其數。也有很多人只是想知道自己究竟喜歡和擅長什麼事，但是未付諸實行就放棄了。這些都不是好辦法。

首先，在現在的工作中成為頂尖人才是非常重要的。即使你的夢想在別處，也要把現在的工作做為向夢想飛越的基礎。只有盡全力做好被賦予的所有任務，上天才會眷顧你。如果你一次都沒有完全投入某件事，也沒有盡心盡力工作過，那怎麼有辦法成為富翁呢？

每當我談到成功時，我都會想起之前在襯衫工廠工作並上夜校的日子，那時我一直在思考該怎麼做才能更快製造出更多的東西。我完全投入在思考如何在那個領域成為最好的人才。

請大家也想想看我過去在襯衫工廠工作的經驗和現在的 Kelly Deli 餐飲業有什麼關係？表面上看似沒有什麼關聯，但是我在每個領域取得最佳成績的執著卻一直延續下去，最終

讓我取得了現在的成功。

　　所以無論何時都要竭盡全力，等到時機成熟時，你自然能收獲目標。

召喚財富思維的精隨是視覺化

　　10％的意識和90％的潛意識能使夢想成為現實，最重要的是潛意識對我們生活的影響比意識更大。我們雖然看似有意識地生活，但是實際上並非如此。人類能夠有意識思考的範圍是有限的，但是潛意識的範圍卻非常驚人。因此，如果我們好好使用潛意識，就能實現目標並取得成功。

　　我利用潛意識的巨大力量成就了一筆財富。我用10％的意識控制我能掌控的事，剩下90％的潛意識則為了我的夢想自動工作。在我工作、睡覺、運動或對話的任何時刻，潛意識都持續為我工作。

　　成功人士和一般人之間的差異取決於如何控制潛意識的世界。當我意識到這個事實時，我發現許多有成就的人早已自覺地實踐著這個方法。

　　潛意識在我們意識朦朧的狀態下仍能活躍地工作，也就是說，睡前十分鐘以及早上睜開眼睛後的十分鐘都是潛意識

工作的時間，此時請將你想實現的夢想重複說一百次左右，並反覆說一百天以上。如果你能像這樣訓練潛意識，你就會開始相信你的夢想，這樣的信任則會成為信念。

只要我們好好利用，潛意識就會成為幫助人生取得更多成就的最佳手段。另一方面，這也是幫助我們成功的眾多工具中最被低估的工具。這種力量常被稱為思維力量、思想力量、心靈力量或吸引力法則等，而我則將此稱為召喚財富思維。強調再多遍都不為過的召喚財富的思維是成功人生最重要的工具。

過去的我雖然很努力，卻依然貧窮，我周圍的人也都是這樣。我的母親每天都在凌晨五點前起床，做家務和農事。她為了無法工作的病弱老公和六個孩子如此拼命工作，但是她一直都很窮。儘管她比任何人都要賣力，卻始終沒能擺脫貧困。

你的人生又是如何呢？你也是努力生活，卻無法得到你想要的東西嗎？絕對不會一直這樣的。想擁有創造財富的思維，你只要閱讀本書就能知道。

但是想要讓財富來到你的生活中，你需要吸引更多東西，並聰明地生活。方法就是召喚財富的思維。我把召喚財富的思維徹底應用到生活中，結果在短短幾年就實現了我想

要的一切，因為當時我意識到即使我拼命努力像牛一樣憨直地前進，生活不會變好，也無法得到財富。

在每個選擇的瞬間，只要思考得更長遠且有價值，就能過上成功的人生。科學已經證實冥想有助於緩解壓力、提升創造力、發展意志力。最重要的是，冥想對創造成功的人生有很大的幫助。歐普拉、賈伯斯、約翰・阿薩拉夫（John Assaraf）、傑克・坎菲爾（Jack Canfield）等名人都表示透過冥想取得了很多成就，並鼓勵大家將冥想打造成生活的一部分。

當我事業倒閉並陷入憂鬱時，我為了重新站起來每天都會散步幾個小時並反覆冥想，那時我只是為了不死才開始做自己能做的事，雖然不是為了成功或未來，但是我的腦中還是因為冥想不斷浮現與事業相關的奇特創意。我也得到了要事先預設自己做不到並積極付諸行動的動力。

現在開始，我將分享控制並利用潛意識的具體方法。

視覺化訓練

如果你問我成功的關鍵因素是什麼，我會毫不猶豫地回答「視覺化」。視覺化是召喚財富思維的精隨。視覺化是指

想像自己最理想的生活，並將此想像植入潛意識中。我為了實現財富，沒有一天不落實視覺化。

在實行召喚財富的思維之前，我只是負債十億韓圜的人，只有努力生活是不行的，我必須智慧地生活。這裡所說的智慧意味著方向，也就是要將精力集中在自己想要的東西上。我只往我想去的地方前進，不想去的地方我連想都不會想。

為了達到目標，毅力非常重要，但是毅力唯有滲透到身體裡才能見效。然而，擁有毅力不是一件容易的事。為什麼熱情和渴望無法持續很久呢？就是因為我們潛意識裡的消極想法。如果你想實現你的目標，就必須學會潛意識的重要性。

人類每三秒鐘就會有新的想法，不管我們願不願意，人類的潛意識每三秒就會浮現出想法，也因此潛意識的力量比意識強三萬倍。潛意識會記住我們出生以來所看到、聽到和學到的一切，連只是擦身而過的經歷都能記得很清楚。潛意識會記住我們生活的每一瞬間，所以也可以說是一種非常厲害的演算法。

以唸書為例，我們在讀完書後往往會覺得似乎沒記起什麼，但是在關鍵時刻，這些知識卻會起到非常重要的作用，雖然我們無法有意識地想起這些，但是在必要的時候，潛意

識就會發揮力量。

現在是1％的人擁有96％資產的時代，不是因為1％的人擁有超能力，而是他們使用吸引力法則、思維力量、視覺化、形象化等方法達成的。這是成功人士的共同點，也是智慧生活的人成功的祕訣。我的學習能力不好，沒有什麼了不起的才能，也很窮，但是我決心使用這個方法，並且成功了。

潛意識演算法也可能引導我們到不想要的地方，讓我們放棄真正想實現的目標。然而，如果我們善加利用，就能將此變成優秀的工具。

三年都集中在一個目標能做到嗎？從結論來說，這是有可能的。只要帶著毅力集中精力，人類在五年內就能實現所有的目標。因此，如果你產生了放棄的想法，就意味著你忘記了最初的意志。視覺化的核心在於使最初的意志長時間持續下去。

雖然我們擁有像樹懶一樣會慢慢放棄目標的心態，但是只要利用潛意識的力量，就能在重要的瞬間再次燃起熾熱的心，打起精神往夢想前進。

視覺化之所以重要，是因為能淨化被困在潛意識中的錯誤訊息。雖然我們相信自己是有意識地生活，但是實際上卻是被潛意識演算法所支配。因此，我們必須清除潛意識裡存

在的錯誤想法。

如果我們常常從朋友、同事或周遭的其他人聽到身體不舒服的話，我們可能也會開始覺得身體不舒服。假訊息往往以比我們想像中更快的速度進入我們的潛意識中。人一旦失敗三次，就會覺得自己絕對不可能成功，因為潛意識演算法持續投射負面資訊。

我們在討論人類可能性的時候，經常用被綁在木樁上的幼象比喻。請想像有隻小象被栓在木樁上的樣子。小象出於對自由的本能，會多次試圖擺脫木樁，但是因為木樁比自己更強大，所以「我無法擺脫」、「我今後只能這樣生活」等負面想法就會持續存在小象的潛意識中。最終，即使小象長大後擁有足夠大的力量，牠也不會認為自己可以拔掉木樁。更大的問題是，牠肯定也會這樣教自己的孩子。

也許你也認為自己逃不出木樁的束縛，儘管你有能力拔起木樁，前往你嚮往的綠色草原，但是你是不是仍認為自己絕對做不到呢？視覺化能讓你知道自己有能力拔起你原以為拔不掉的木樁。將新的能量和精力集中在你的生活中，並獲得自由的秘訣在於盡情想像你未來的藍圖，並接受全宇宙的氣韻。

我重生的那天也是我拔除木樁的日子。在「我絕對辦不

到」變成「我一定可以」的瞬間，我的人生有了180度的轉變。

從現在開始，我要告訴大家視覺化的具體方法，正如我透過這種方法使我的心變健康，並獲得巨大財富一樣，我確信這也會為你帶來很大的力量。

召喚財富思維的六種視覺化方法

　　眾所周知的吸引力法則真的很有魅力，但是要在生活中運用這個法則，有時會覺得不現實，我在應用成功人士的這個秘訣時，偶爾也有這種感覺，因此我發展出適合自己的視覺化方法，讓我在運用此法則時能更貼近現實。

　　視覺化大致可分為填滿和清空兩部分。填滿是非常清晰地想像自己想要的東西、想成為的樣子，以及想做的事情，讓這些畫面輸入潛意識中。一般人很容易透過填滿想像自己夢想的未來，但是卻沒做到真正重要的清空。清空就是拋棄妨礙自己的過去記憶和情緒。我們必須實踐清空，因為唯有清空，我們才能提升潛意識的演算法。

　　潛意識每天會持續喚起兩萬到六萬種想法，所以如果你只做到填滿，負面想法就會持續存在潛意識中，並妨礙你集中在目標上，因為潛意識裡的負面演算法會持續攻擊你。因此，請大家務必消除負面想法，這樣你才能更容易專注在目

標上。我把填滿和清空分為六個步驟。

　　想像自己成功的藍圖

　　想像自己是人生的導演

　　在早晨想像理想的一天

　　想像工作時的緊張

　　想像心中的黑洞被清空

　　想像生活中的黑暗被清空

　　前面四個步驟是輸入自己理想模樣的填充過程，最後兩個則是騰空妨礙你生活的一切。

第一、藍圖視覺化（五分鐘）

　　藍圖視覺化是想像你實現中長期（5 ～ 10 年）夢想中最重要的一幕，這是將我們內心深處真正夢想的視覺化。

　　首先，請坐在房間裡最舒適的座位上，並閉上眼睛。你現在看到一張五年後事業最成功的藍圖。你那時正在做什麼？你旁邊是誰？你和他們有什麼互動？請集中注意力只想著一個畫面，並持續五分鐘。

　　現在請睜開眼睛仔細寫下剛剛想到的畫面，並寫下你和誰一起，在哪裡。因為如果你尚未養成視覺化的習慣，可能很快就會忘記這個畫面。

特別是請寫出想像此畫面的激動心情，並在之後持續回憶這種感覺。現在，只要發揮將這個藍圖變成現實的行動力就可以了。請想像自己將在社會上成功時感受到的情緒刻印在皮膚和細胞上，並記住比現在的你更帥氣的自己，同時用五官感受吧！

第二、電影導演視覺化（30 ～ 40 分鐘）

請你成為自己人生的導演，將人生的腳本視覺化。這是通往成功的路上必經的視覺化方法。重點在於想像自己如何克服人生的諸多挫折和困難，並讓解決方法刻印在潛意識裡。

很多運動員都在實踐此方法，他們在比賽前想像比賽從開始到結束的過程，提前描繪如何克服比賽中發生的危機或困難，這不僅適用於體育，也可用在生活上。比起盲目地努力，想像自己的未來會讓你更有動力。

舉個例子，許多人容易因為周圍的人動搖而放棄。你只要先想像聽到這些質疑時，自己該如何應對就可以了。重點在於積極改變你的潛意識演算法，這樣就絕對不會動搖。

請把房間裡的燈調暗，坐在位置上放鬆，並閉上眼睛。把手放在膝蓋上，手掌朝向天花板，手背觸碰膝蓋。從現在開始進行腹式呼吸，用鼻子吸氣三秒左右，使肚子膨脹，呼

氣時要以比吸氣長三倍的時間吐氣，並使肚子變瘦。當你用鼻子吸氣時，請想像整個宇宙的氣韻通過自己的鼻子進入身體，呼氣時請想像全身的壞東西都流到體外。

手輕輕握 20 次左右再打開，每當腦中浮現負面想法時，就會感覺那些想法彈出了體外。請繼續慢慢地呼吸，舒服地坐在椅子上，好像身體要陷進去似地。隨著全身的緊張緩解，臉上的緊繃也隨之緩解。額頭、眉毛、眼睛和嘴巴的緊繃也得到了舒緩。脖子、肩膀、手臂和腿都放鬆了。放鬆全身後，請舒服地坐在椅子上，並相信你的想像力非常強大。

請練習想像青脆的蘋果，並去掉蘋果，接著想著紅色的草莓，並想像草莓消失。青脆的蘋果伴著濃濃的酸香浮現在你眼前，你有能力聞到這股酸味。一想到酸蘋果就垂涎欲滴。蘋果消失後，紅色的草莓伴隨著甜甜的香味浮現在眼前，甜美的草莓香刺激著你的感官。請繼續做腹式呼吸。

從現在開始，你將成為想像力非常豐富的電影導演。你是主角也是導演，所以你可以隨心所欲製作這部電影，即使主角經過無數曲折，最終還是會如願以償。這部電影是從現在開始五年左右的時間裡你實現中長期夢想或目標的電影。你將看著自己在過程中失敗後，從中學到東西，並再次挑戰。

現在妨礙你的人是誰，阻礙你的情況又是什麼呢？從現

在開始請用五分鐘仔細刻劃這些人事物。你正在經歷什麼樣的困難，妨礙你的人又是如何阻止你？請想像你成功說服他們的過程。想像結束後，你將成為什麼都能做到的人，所有阻礙你的人和情況再也不會折磨你，甚至成為支持你的夥伴。

這部影片現在已接近高潮，眾所皆知，所有電影中的主角只要達到高潮，就會獲得巨大的力量，並實現自己想要的一切。想像真正變強的你是什麼樣子，用全身感受成功時的所有感覺。想哭就哭，想笑就笑，想吶喊就喊。請用你的全身記住這一刻，並刻印在潛意識中。

現在請你看人生電影的結局，儘管經歷了許多波折，但是你實現了自己想要的一切，請確認並感受屆時你身邊會有什麼，並相信自己能做到。你在什麼樣的房子與誰一起生活呢？請想像陽台的樣子，站在上面能看見什麼景色。進到房間後，你有什麼樣的床，你的客廳又是什麼樣子呢？你在那樣的客廳和誰一起吃飯？

你必須確信自己能擁有如此漂亮的房子，並且和你夢想中的人在一起。現在你所看到的一切都是你想像的最理想狀態，請用全身去感受這樣的狀態。那時你會開什麼車？子女和配偶又會是什麼樣的人呢？和子女一起的生活會有多幸福呢？你的子女那時會上什麼學校，並且學習什麼？

你是否看見了幫助你實現夢想的人，最初懷疑和蔑視你的人現在也都支持你。成功之後，你和什麼樣的朋友在一起呢？請一定要記得是誰幫助你實現了夢想，並用心對他們表達謝意，謝謝他們陪伴你，並幫助你實現夢想。

如果你有希望從心愛的人那裡聽到的話，也請想像你想聽誰說些什麼話。「辛苦了，做得好！」「謝謝你來到這個世界」、「很抱歉我曾經瞧不起你」、「你終於實現了夢想，真了不起！」、「你做到了！好厲害！」

現在請睜開眼睛，在筆記本上寫下你想聽到的話。重點是將你的人生電影簡潔地概括成一句話，並在旁邊寫上要實現的日期。不論是三年、五年還是十年後，請詳細寫下你想實現夢想的年月日。接著請寫下你為了實現這個夢想最不該做的三點。為了接近這個夢想，你必須先填滿，再清空，並且為了不中途放棄，在清空後，請再次填滿。

接下來請寫下為了實現夢想必須做的三件事，並寫出如何說服妨礙你的人站在你這邊。請回想剛才在電影導演視覺化步驟中你想像如何讓那些人支持你。接著寫下你最想從你愛的人那裡聽到的一句話。最後請想像你看到自己成功時會有什麼情緒，請寫下來。

想像自己成功時的心情非常重要，因為這可以使我們的

潛意識記住這一點。請用幾個單字總結那時你會多麼幸福，並且感受到多熱烈的喜悅。我由衷祝賀你完成了屬於你的人生電影。哪怕只是很小的夢想，也請用實際行動實踐。

第三、早晨視覺化（3～10分鐘）

早晨視覺化是你從睡夢中醒來，一睜開眼睛就實施的視覺化。請把這個步驟當作是為了理想地度過今天所邁出的第一步。

早上一睜開眼睛，請想像自己今天最理想的模樣，此步驟的實踐方式與電影視覺化相似，所以請用相同的方法進行就可以了。電影視覺化想像的是整個人生的夢想，但是早晨視覺化只須將今天一整天視覺化即可。我建議睡前最好將手機放遠，否則容易一睜開眼睛就拿起手機。

早晨視覺化的核心是在早上找出實現理想一天所需的要素，藉此喚起潛意識中的積極力量，進而能從源頭切斷妨礙我們實踐目標的要素，讓我們一整天都充滿健康的能量。然而，正如我前面所說，並不是所有的視覺化都是做過一次就能取得效果。我希望大家每天都實踐，唯有如此，你才能在不知不覺間清除堆積的負面想法，並填滿新的東西。

早晨視覺化如同先提前過完一整天，這種視覺化有助於

我們訂定今天代辦事項的先後順序，並藉此讓我們擁有能效率且成功度過一整天的力量。

第四、緊張視覺化（10 秒～ 3 分鐘）

緊張視覺化是將緊急或重要工作的實踐流程視覺化，所以我們必須想像自己的目標會以何種方式發展並實現。如果你有緊急或重要的行程，請閉上眼睛一分鐘，想像事情將按你的理想方式發展。

例如，如果你今天要簽大合約，那麼請你想像自己和客戶相互提問，回答彼此的疑問，並解決問題後在合約上簽名。如果你也將簽完合約後微笑握手的畫面視覺化，那麼你肯定能取得好成果。

若你將上台演講或在會議上報告，請想像在演講地點進行感人演講的畫面，以及觀眾們受到感動的狂熱場面。心情焦慮時請馬上閉上眼睛，想像你在曲折中朝著自己想要的方向前進，你將會產生很大的動力。

如果你即將要進行重要的工作或計劃，請一定要實踐緊張視覺化。最重要的是，透過各種不同的想像，效果將會加倍。然而，無論你的想像力多好，只要經過三天，想像過的畫面就會變模糊，因此絕對不能忘記要立即實踐目標。已經

了解視覺化重要性的人都在我的 IG 牆上一起進行挑戰。

第五、黑洞視覺化（1～2 小時）

　　現在輪到清空的步驟了，黑洞視覺化是消除潛意識負面想法的過程。到目前為止我介紹的視覺化是將自己想前往的未來視覺化。然而，僅憑這些無法控制潛意識中的負面演算法。如果我們不改變這種負面演算法，通往目標的道路將會非常艱難，所以這個步驟的視覺化重點是讓我們的演算法變得更好。

　　在需要集中精力的時候，如果有阻礙你道路的要素，請務必進行黑洞視覺化。想要正確利用黑洞視覺化，必須根據年齡抹去記憶和情緒。例如，我是四十歲，所以我必須抹去十幾、二十幾和三十幾歲時的記憶與情緒。此步驟的重點在於除了記憶之外，還要同時抹去情緒。透過此步驟可以消除我們對金錢和財富的負面記憶和情緒。

　　請關燈，並以舒服的姿勢閉上眼睛，讓自己處在穩定的狀態。現在的你已經充滿能實現夢想，並決心努力生活的動力。

　　接著請想像你正要進入市區，你在一個繁忙的十字路口等紅綠燈，紅燈變成綠燈後，為了過四線道公路，你邁開腳步走路，走到人行道中間時，有輛車向你駛來並撞向你。一

聲巨響後你被那輛車撞倒，當場死亡。你成為靈魂，俯視著已經破碎的身體。他人只看到你渾身是血。

　　救護車急忙趕到，有更多人聚集在你身邊，但是你已經無法治癒。救護車載著你趕往醫院，但是你已經死了，你的靈魂從現在開始要向所愛的人告別。你最愛的人現在正在做什麼呢？你走近那些人，告訴他們你已經死了。你的肉體正前往醫院，而你正在和配偶、父母、朋友和子女道別。

　　對心愛的人說自己死了，並謝謝他們。感謝父母，如果有子女，也請你感謝子女成為你的兒子或女兒。對配偶說謝謝你選擇我。接著向心愛的人說對不起，先丟下了你們。

　　你的喪禮正在舉行，成為靈魂的你看著喪禮。誰會來參加你的喪禮？誰會為了你的死而悲傷？你的父母和子女會記得你是什麼樣的人呢？你的配偶又會記得關於你的什麼事？其他親戚會如何記得你？你一直關注著喪禮。

　　現在已經過了很長的時間，你的靈魂升天了。你住過的城市盡收眼底，沒有你的城市仍然運轉良好。你看了一會兒，現在又升得更高，飛出了地球。雖然沒有你，地球仍然照常運轉。

　　你的面前有個黑洞。黑洞是宇宙的吸塵器，宇宙的所有東西一旦進入黑洞，就會消失得無影無蹤。你正回憶起在地

球上的記憶。從現在開始，不論你想到什麼，都會被黑洞吸進去。請從現在開始回想你小學之前的樣子三分鐘，並把這些回憶全部扔進黑洞。

黑洞吸收了你從未見過的所有消極東西。接著你想起了小學之後的所有回憶，不論好或不好的情緒和記憶，全部都被黑洞吸收。從現在開始的三分鐘，每想起一件小學的回憶就丟掉。這次，黑洞又吸走了所有你還來不及看到的所有記憶，也就是把留在潛意識中的所有記憶都吸進黑洞，現在你的生活中再也沒有幼年和小學生時期的多餘情緒。

接下來請回想一下十幾歲，也就是國高中時期的記憶，在想到的瞬間，你的回憶就被吸進黑洞中，永遠消失。二十多歲前的所有記憶也都被黑洞吞沒了。這次來看 20 歲到 30 歲的記憶，黑洞吞噬了所有你 20 多歲的記憶。如果你是 30 歲、40 歲，甚至 50 歲以上的年齡，請用同樣的方法把所有人生的回憶扔到黑洞中，不再對這些回憶有情緒。

你之前的回憶已經全部消失在黑洞中，那些記憶再也沒有留下任何情緒。一個有強大吸力的宇宙吸塵器集塵盒裡裝滿了你生命中的所有記憶，情緒也包括在內。

做錯事、做好事、高興、悲傷、成功時的心情、失敗時的心情都裝進箱子裡，最後請把炸彈放進箱子裡並關上箱子。

隨著黑洞箱子內的炸彈爆炸，與你回憶有關的情緒也消失得無影無蹤。你的潛意識裡將不再有過去的回憶和情緒。

你現在重生為清徹的靈魂，你的潛意識也變成了一張白紙。現在，請想像如果你沒死於交通意外，你活得最理想的樣子。你在30、40、50、60多歲時將過著什麼樣的人生呢？也想像一下自己一百歲的模樣吧！

你將過著沒有任何遺憾的幸福生活，並在心愛的家人面前安心地死去。你的靈魂將會回到宇宙。一百年過去了，一千年過去，地球上沒有人記得你存在過。又經過了一萬年、一億年。現在，請慢慢睜開眼睛。

黑洞視覺化無法一次就抹去全部的記憶，但是越常做，被清除的記憶就越多，你也會漸漸發現自己有某個習慣的原因，並明白自己為何這樣生活。所以越做越能清空妨礙你生活的所有要素。就像刪除電腦上堆積的無用程式和文件後，頭腦會變得清爽，運轉速度也加快了。

我尚未實踐黑洞視覺化時，總是想起不必要的想法，雖然我不希望想起，但是仍然不時會浮現，所以我很痛苦。我常常很擔心自己會再次變貧窮，事業會再度倒閉，但是現在我完全不會想起那些想法，因為我持續實踐黑洞視覺化。我建議黑洞視覺化最好要持續進行兩到三年，我也是這麼做的。

第六、晚上視覺化（3 ～ 10 分鐘）

晚上的視覺化也是像黑洞視覺化一樣的清空過程，所以請運用與黑洞視覺化相似的方法實踐即可。不同的是此步驟是每天晚上結束一天時進行。如果說黑洞視覺化是清空過去人生中所有的雜念，那麼晚上視覺化則是清空我們今天一整天的想法和情緒。

每天晚上的視覺化是為了第二天起床時進行早晨視覺化的準備，並讓我們更接近理想的生活。

本章我介紹了召喚財富思維的精隨，也就是六種視覺化的方法。視覺化很難透過文字習得，所以請親自實踐，並了解其感覺。你透過視覺化看到的夢想一定會實現。然而，想實現夢想必須集中精力，並有毅力地付諸行動。因為最終能實踐目標的只有你自己。

如果你現在有了夢想或目標，就應該想像未來的藍圖，並下定決心實踐。你不能盲目相信，而是必須下定決心相信自己的韌性。請先這樣相信自己，讓自己有實現目標的動力吧！透過視覺化將你心中的消極東西丟出去，並支持自己到你想到達的地方。

「當然了，非常重要！」

　　2020 年，由於新冠病毒的擴散，我的演講計劃全部化為泡影。以韓國一千人、法國三百人、英國兩百人為對象的演講因為疫情全部取消。為了讓生活充滿挫折的人有新的動力，我盡全力做準備，所以我對演講取消感到非常失望。這樣的失落一直困擾著我，我認為不能就這樣結束，所以我決定在 IG 上分享召喚財富思維的力量。

　　剛開始，為了幫助年輕人學習英語，並說明正確的思維概念，我決定挑戰上傳英語自我開發名言一百天。雖然一開始我充滿動力，但是很快就遇到了難題。這種卡片形式的貼文應該有助於傳達訊息，但是因為我之前從未製作過，所以操作這個工具的我就像第一次學用筷子的孩子，因為不熟悉而感到辛苦，但是每次成功上傳自我開發名言時，我還是覺得很有成就感。

　　某天，我的朋友智恩得知電腦白癡如我正在製作卡片資

訊，所以傳私訊給我。她告訴我她每天都會閱讀並實踐我上傳的句子。這是以良好的意圖實踐的事發揮良善影響力的時刻，儘管新冠肺炎熄滅了如同黑暗燭光般的思維力量講座，但是自我開發名言的挑戰讓我的失落感漸漸變淡了。

我決心要進行一百天挑戰後，我發現很多人都在等待我每天早上六點三十分上傳的自我開發名言，這個以小誠意開啟的挑戰觸及了許多人的心。我當時想，為了這些認為我的訊息很有意義的人，我不能停止上傳名言，所以結束一百天挑戰後，我依然持續上傳自我開發名言。雖然要繼續和電腦奮鬥，但是我甘之如飴，老天爺可能也覺得我的努力值得稱讚，所以有更多人協助我，他們組成了召喚財富思維團隊，讓這個挑戰再延長一百天。

我被那些無條件付出自己才能的人深深打動，我懷著希望他們一定要成功的心情，持續上傳自我開發名言。

我常常被問到持續學習召喚財富思維的力量一百天是否重要，我每次都會充滿自信地說。

「當然了，非常重要！」

為什麼重要呢？因為人類若希望徹底改變自己的潛意識，至少要不間斷地學習一百天。為了將召喚財富思維完全內化成自己的東西，並像我一樣完全領悟成功的方法，持續

學習一百天是非常重要的！一百這個數字之所以重要，是因為這是養成習慣的起點。培養習慣時，我們會在第七天時習以為常，並在一百天時真正養成習慣。

我們想改變潛意識的原因是因為想抵達目的地。根據 2002 年獲得諾貝爾經濟學獎的丹尼爾・康納曼（Daniel Kahneman）所說，人類每三秒鐘會出現一個想法，所以一個月會有 60 萬種想法。如果每天以三秒為單位劃分，相當於人類每天產生約兩萬九千個想法，但是假設 24 小時中有三分之一是睡覺時間，那麼人類就會產生約兩萬個想法，有些專家則說人類一天會有七萬個想法。

人們大都相信自己是意識的主體，並認為自己按著自己的意願生活，但是每三秒產生的大部分想法都是我們以前看到或經歷的東西在潛意識裡所引發的。我們因為經驗每三秒產生的這些想法之所以重要，是因為這些想法傳達了許多資訊。如果這些資訊是負面的，我們將會對未來感到不安，並容易因此放棄目標。

更重要的是，即使每天產生的兩萬個想法中，積極正面的資訊站了 90％，剩下 10％的負面想法仍會吞噬 90％的正面想法。因此，對生活產生負面影響的想法會在不知不覺中侵蝕我們的生活，讓我們遠離自己的目標。為了取得成功，

我們必須積極改變消極的潛意識。

　　如果你想達成你所期望的目標，你必須完全相信自己。若你能在一百天內集中精力做積極的事，你絕對可以改變生活。因為你可以控制一個月內浮現的 60 萬個想法。透過積極正面的想法謀求生活的變化，這就是召喚財富思維的力量。

　　所以請用信任和確信進行一百天的訓練，你將會發現驚人的效果。我們都會有因為未知的原因不相信自己的時候，但是經過訓練，我們能夠實現目標的信心就會越來越強。

　　剛開始你可能會質疑只靠思考怎麼可能改變生活，但是如果你每天持續成長，一百天後，不被任何東西動搖的根就會深植你的生活。請不要因為現在的困難而灰心喪氣，只要你意識到召喚財富思維的力量並付諸實踐，就一定可以克服難關。

我遇到富人們都明白承諾的力量

　　生活多少有些令人討厭的地方,所以一般的努力不會讓我們輕易達成夢想。即使你感覺快要被生活壓得喘不過氣,也必須咬緊牙根,才能爬到自己想達成的目標。人生最重要的是挑戰不可能,並戰勝各種難關。

　　沒有人可以過著沒有一點絆腳石的平坦人生,意想不到的不幸往往接連發生,讓人容易因此而否定自己過去的生活,即使捱得過一兩次,如果持續被這種負面情況打擊,我們可能會喪失意志力。

　　然而,越是如此,我們越該熱愛生活,並且接受自己的命運,準備好下一步,這種要活下去的強烈意志會讓我們擁有驚人的力量。我在回顧過去的生活後,發現了這個不言而喻的事實。

　　我之前在塞納河畔已經死過一次了,當時的我感覺自己的生活無論如何都不會再好起來,也沒有人能讓我重新振作。

儘管過去的我努力生活，但是事業的失敗讓我感覺自己的人生完全被否定了。為什麼這樣的考驗會發生在我身上，全世界那麼多人為什麼偏偏是我遇到這種事，當時我真的非常氣憤。我被這樣的負面想法束縛了兩年，但是因為一個契機，我的人生完全改變了。

「我不是為了自己而活，而是為了某個人而活。」

光是改變想法，我就如同新生。消極的東西不再束縛我，反而是我控制了它們。我像剛出生的嬰兒，對著世界大聲宣告自己的誕生。我向世界宣布。

「我能做到，我可以做到，我什麼都做得到！」

於是，整個宇宙和周圍的好能量都湧向我。下定決心對世界發表承諾後，我體內充滿了強大的能量。我不再猶豫自己能否實現夢想，而是堅信自己能做到。這不是小說中的荒唐故事，而是從死亡邊緣重新站起來的我訴說的故事，也是從超市的小角落出發的 Kelly Deli 成為世界級企業的秘訣。

我見過的富豪們都明白承諾的力量，他們總是承諾會

實現自己的信念和目標。長期獲得成功的富翁們在運動、冥想（視覺化、一天計劃）、閱讀、感謝日記（下定決心和發表承諾）中，都至少有一種以上的習慣。湯姆・柯利（Tom Corley）在其著作《習慣致富》中強調 50％以上白手起家的富豪都會在開始一天工作的三小時前起床，實踐自我開發。他的意思是無論你是晨型人還是夜型人，都會因為 Early-bird 習慣帶來成功。

　　早起的習慣雖然源於「早起的鳥兒有蟲吃」的俗語，但是我並不是單純地要求大家勤奮，而是希望大家能在一天開始前進行自我開發。早上早起不是重點，開始一天之前透過自我開發成長才是核心。

　　人明明知道自己的環境不容易改變，但是內心卻希望自己可以輕鬆改變環境。然而，期待靠著外部因素的變化改變自己的處境，等於是毫無努力的僥倖。光靠等待絕對無法實現你想要的生活，你必須用積極的生活態度去達成目標。所以，如果你無法改變你的環境，就請改變你的內心以及你對環境的看法。

　　如果你在開啟一天之前實踐自己的承諾，就不會受到外部影響。因為，如果你在內心變積極的狀態下開啟一天，

你會感覺工作的所有過程都很順利。最重要的是，即使你在工作過程中遇到困難，也會認為這是成長的過程，並理所當然地接受，這一點非常重要。就像即使是同樣的水，牛喝了就會變成牛奶，蛇喝下會變成毒藥一樣，以不同的心態接受同樣的困難，其結果也會有所不同。「認為困難是理所當然的」，這就是養成早晨自我開發習慣的力量。

在召喚財富的思維中，發表承諾是吸引力法則的精隨。只要早上做出正面的承諾，潛意識和信念就會發生巨大的變化。最重要的是心態，每次發表承諾時，你都要相信自己會實現，並用全身去感受。請保持投入的狀態，並讓信念深入你的潛意識。召喚財富思維的視覺化本質就是從發表承諾開始的。

我在本章的末尾整理為了創造財富的 21 個肯定性承諾。請先以一百天為目標開始實踐。每天早上，在開啟一天之前，請重複兩次這些承諾，你就會看到連你都不知道的內心世界。如果想比較這麼做的前後變化，你可以寫下自己的感受。若一百天後你發現了能讓你更有動力的句子，你也可以直接使用。用這些承諾來補足你想要的未來面貌，並讓自己有更進一步的發展。

早晨的積極正向承諾

1. 今天我也將開啟愉快又期待的一天。

2. 我今天也會實現我所希望的一切。

3. 我正在成長。

4. 我的人生正朝更好的方向發展。

5. 我有勇氣。

6. 我是富翁。

7. 我是幸福的人。

8. 我是積極的人。

9. 我有能找到所有問題答案的智慧。

10. 我將更接近我的夢想。

11. 我是積極行動的人。

12. 我是說到做到的人。

13. 我有智慧賦予自己想要的東西,並且將我的人生變成最棒的。

14. 我享受自己的人生。

15. 我很了解吸引力法則,並且正在實踐。

16. 我會吸引我想要的東西。

17. 我愛真實的自己。

18. 我會用好習慣填滿我的一天。

19. 我具備能實現自己夢想的資質。我很聰明、健康而且勇敢。

20. 我感謝一切。

21. 我對所有事物充滿感激。

你的人生一定會有成為富翁的時候，有時你只是不知道那是機會，所以就這樣過去了。也許現在這一瞬間又是你致富的機會，是的，在領悟召喚財富思維的瞬間，你就可以成為吸引財富的人。正面的承諾會使你的生活變得更平衡健康。如果你不斷將這些承諾滲透到潛意識中，致富只是早晚的事。

　　你現在明白了承諾的力量，就可以開啟走向致富的新生活了。因為實現財富的最大障礙就是你的意志。如果你相信並跟隨潛意識裡的消極想法，你就會越來越貧窮。但是，如果你相信自己並開始做出承諾，潛意識就能發揮積極的力量。

　　請以堅強的意志推動你熱情的承諾。

所以，請持續發表宣言吧！

2020 年，位於美國加州的多明尼克大學發表了有趣的研究結果，這個研究顯示用文字寫下目標有多麼重要。此研究原本是為了驗證動機賦予相關的演講和書籍中的故事，但是卻得出了更有意義的結果。研究小組為了研究用文字寫下目標的成就水準，將參與實驗的 149 人隨機分成五組，進行了為期四周的實驗。五個小組的特徵如下。

第一組、沒有用文字寫下目標

第二組、將目標寫成文字

第三組、將目標寫成文字並發表宣言

第四組、將目標寫成文字，同時向熟人發表宣言

第五組、將目標寫成文字並向熟人發表宣言，同時分享
　　　　實踐過程

結果如何呢？與沒有將目標寫成文字的小組相比，用文字寫出目標的四個小組平均成就分數要高出許多。最重要的

是，不只單純寫目標，而是向熟人宣布並分享實踐過程的第五組獲得了最高的成就分數，第一組則是最低分。研究小組在發表文字和目標的關係後，得出寫出目標比沒寫出目標更有成就的結論。

我多次強調在達成目標的過程中書寫的重要性。不把目標寫成文字，只是盲目地努力，就像本應帶領船駛向大海的船長沒有任何計劃就啟航一樣。那樣的船真能順利到達目的地嗎？我敢斷言，這將會是一次驚險的航行。

把目標寫成文字是建立人生里程碑的大事，往返短距離的目的地時我們也會打開導航確認方向，但是為什麼卻覺得自己的人生可以不用導航就朝著目標前進？正如上述研究結果所說，將目標寫成文字是非常重要，也是必須舉行的儀式。

「但是，該怎麼進行呢？」

在召喚財富思維（Wealthinking）演講中我不斷強調書寫，所以可能會讓很多人覺得有負擔。當然我也曾經歷困難，所以感同身受。因為，我一生中幾乎沒做過與寫作直接相關的工作。然而，已經了解召喚財富思維的力量和秘訣的你，再也沒有什麼做不到的。寫作也是一種肌肉鍛鍊，越寫越能增加寫作的肌肉，也越能減輕寫作時的負擔。因此，不論你想到什麼，都請先寫下來。

自由寫作（Free-writing）是不考慮字體和文法的寫作方法，這與腦力激盪法（Brainstorming）相似，都是不拘泥於形式，而是將腦中浮現的想法和情緒原封不動寫在紙上。剛開始請不要停下筆，用 10 ～ 15 分鐘把自己的想法和感受寫成文字，最重要的是不停地持續寫下去。

我剛開始寫的時候邏輯不太對，句子結構也很奇怪，不過這只是隨手寫下的想法而已，不需要太執著美感，把心裡發生的一切都吐露出來吧！只要持續寫下去，能支持你不斷前進的想法就會萌芽。

這個方法是作家們因為心理因素無法動筆時，為了克服障礙經常使用的方法。自由寫作的優點是能降低寫作者下筆的負擔，同時提升寫作能力，並進一步激發潛意識。潛意識變活躍能讓我們的生活有更多可能性。寫作就是如此重要，且與財富息息相關。

寫作的目的是幫助你藉由重新審視和整理思緒的過程重新認識自己面臨的困難。唯有覺察這些，你才能透過實踐視覺化淨化心靈，並控制自己的情緒。我們可以藉由寫作獲得和冥想同樣的效果，所以我建議大家每天都要和視覺化及發表宣言一起做。

如果你已經將目標寫成文字，現在是時候來製作藍圖

了。夢想板（Vision Board）是將文字、圖片和照片等放在一起幫助我們實現夢想和目標的工具。夢想板之所以重要，是因為這能幫助我們具體化存在腦中和心裡的目標。我們的潛意識也需要區分各種需求、價值和目標，也因此我們需要寫作和夢想板等工具的協助。

製作夢想板的方式非常多樣，但是你透過召喚財富思維了解成為真正富人的方法後，最好寫下相應的規劃和具體的願望。夢想板的功能是將我們的里程碑視覺化，所以由圖表、照片、報導、明信片、貼紙等多種要素構成會更好。完成夢想板後，請仔細掌握自己的生活動線，並放在你經常會看到的位置上，這樣才更有效果。唯有在日常生活中能不斷確認，你的目標才會植入你的潛意識深處。

讓我們重新回想一下多明尼克大學的研究結果。你在區分五個小組的標準中是否有看到什麼熟悉的單字？

是的，就是宣言！我之前已經多次強調宣言的力量。偶爾會有聽眾會質疑發表宣言是否有意義，他們認為說出自己想做的事和實現目標與否沒有什麼關係，這是由於他們不了解宣言的真正意義。

宣言的英文是「Declare」。「Declare」是由具有強調意思的「de」和意味著「明確」和「明朗」的「clar」所組成，

因此這個字的意思就是明確表明立場。換句話說，宣言是明確告知自己當前面臨的情況，讓自己明白所有的趨勢。宣言需要聽眾，而聽眾則以關係為導向，這也讓我們得以透過對外公開內心明確的目標來發揮力量。

在用文字寫下目標可否取得更高成就的研究中，不僅用文字寫下目標，還向熟人宣布並分享實踐過程的小組成就分數最高就是因為這個原因。他們藉由向熟人宣布，營造只能為目標進行下一步行動的狀態。最重要的是，聽到宣言後共享目標實踐過程的熟人成為發表宣言者的證人和支持者，因此像這樣宣布自己的目標，等於是將分散在宇宙不同地方的氣運集中到自己身上。在這樣的情況下，還有可能失敗嗎？所以請不斷發表宣言吧！

請持續宣布你的藍圖，使其得以實現。

身為父母，你希望無愧於孩子嗎？

　　這是在我進行世界旅行時發生的事，我問在法國遇到的一位老婦人，人生中是否有後悔的事。老婦人把手放在下巴上仔細想了一下，她表示有一件後悔的事。我原本推測那位老婦人會說出對自己的憐憫，例如沒有賺很多錢，或是太努力討好別人等等。但是她是這樣說的。

　　「我為了督促兩個兒子念書，每天都和他們吵架，對此我感到非常後悔。」

　　他的兩個兒子過去非常討厭學習，所以老婦人很擔心他們在尚未步入社會之前就被烙上壞孩子的標籤，並且落後他人。她的擔憂很明顯是出於愛子女的心，但是對子女來說這些卻只是嘮叨，所以直到孩子高中畢業為止，他們每天都在吵架。

　　老婦人說如果能再回到那個時期，她不會強迫孩子們學習，她還微笑表示自己會幫助他們做真正喜歡的事，並且一

起幸福地生活。我聽到這個出乎意料的回答後心裡一陣酸楚。

　　全世界大概沒有一個國家像韓國的父母一樣如此以子女為重，但是養育子女並不是一件容易的事，即使盡了最大的努力，父母很多時候仍不知道該如何對待子女。如果子女們能理解這種心情就好的，否則父母和子女之間的距離只會越來越遠。

　　子女們最希望從父母那裡聽到什麼話呢？我看到某篇文章的調查是「我愛你」、「沒關係」、「辛苦了」、「做得好」、「謝謝」等溫暖的話。相反地，子女們最討厭聽到的話是「快去讀書」、「你這樣是像誰」、「你為什麼那麼不會想，你是遺傳到誰」等冰冷的言語。從這些例子我們可以看出子女們最想從父母那裡聽到的是帶著愛和肯定的話。

　　在某次的遊輪旅行中，我遇到了帶著三個分別讀小學、國中和高中的兒子旅行世界一年的德國家庭，我和他們聊天，並交換子女教育相關的資訊和想法。他們的孩子和我們的女兒一樣，在不航行的早上進行自學。他們表示在剛開始的幾個月裡，孩子們按照學校的進度學習得很順利，但是隨著時間的流逝，他們逐漸把學習拋在腦後。我無法理解德國夫婦不督促孩子學習的行為，所以追問了原因。

　　「孩子們應該學習為自己的行為負責。」

聽到這個回答，彷彿開啟了我教育子女的新篇章。他們放下必須從頭到尾無微不至照顧孩子的價值觀，要孩子自行負責，我因此受到了衝擊。然而，接下來的故事更讓我震驚。

　　德國夫婦認為孩子如果因為怠於學習而留級，孩子們就會得到領悟，也會發現自己會因此不能和喜歡的朋友們一起學習，或無法按照正常的進度上課，這是學習為自己負責的絕佳機會。我對他們夫婦的教育哲學有很深的感觸。

　　其實，我在決心要和剛上小學的女兒一起環遊世界前也猶豫很久，但是最終我希望讓女兒學會自行尋找理想生活的力量，而不是過著只要讀書就好的生活。我希望她能擁有批判思考的能力，並且運用此能力嘗試自己想做的事，同時在失敗中尋找答案，透過嘗試錯誤找到方法。

　　小時候的我也是如此，我在學校是不太受矚目的學生，但是我現在和過去完全不同，並不是說我的學習能力提升或擁有了特殊的才能，只是因為有一直支持自己的媽媽，所以我能持續勇敢地生活，如此而已。

　　我仔細思考後發現，取得偉大成功的多數人都曾失敗過，但是他們具有很強的冒險精神，能在失敗後努力解決問題，並讓自己重新站起來。正如德國夫婦所說，他們有能夠負責自己人生的力量。如果你希望成為無愧孩子的父母，就

必須讓他們能透過各種經驗培養自己負責的能力。若孩子有想做的事，你應該放手讓他們開闢道路，並在他們失敗時支持他們，幫助他們充電。有句話說得很好，人生就像在暴風雨中學習跳舞。因此，我認為父母的作用是為孩子建立不屈服於任何困難的態度。

最重要的是，如果身為父母的你了解召喚財富思維的核心，也就是潛意識力量和視覺化的重要性，就應該特別警惕消極演算法。負面想法總是比正面想法強烈，並且時時刻刻折磨著我們。更可怕的是，一個負面想法會延伸另一個負面想法，我們的人生也會因此被束縛。就像我其實並不懶惰，但是小時候卻被父親的話所影響，因而認定自己很懶惰，所以不去挑戰，而是長期消耗人生一樣。

就像我在法國遇見的老婦人長期給孩子植入負面資訊，所以日後非常後悔一樣。孩子是父母的鏡子，投射出父母的心思，由此可見，孩子的很多言行取決於父母的養育態度。因此，我希望大家絕對不要對孩子說消極的話，而是多給他們愛和肯定。

你的孩子願意獨立嗎？你希望能成為無愧孩子的父母嗎？那麼，請看看以下幾個為孩子注入召喚財富思維力量的方法。

早上鼓勵自己

　　請培養孩子養成早上睜開眼睛後在床上鼓勵自己的習慣，如果孩子們能用積極的言語填滿潛意識，他們的生活就會發生變化。我將〈給孩子的早晨鼓勵〉上傳到我的YouTube 頻道，讓孩子能了解該如何在早晨鼓勵自己。孩子們的早晨鼓勵不能太長，以便每天都能執行。孩子們若能每天都閱讀或唸出這些鼓勵，就會有改變生活的的效果。本章的最後附上為孩子們準備的早晨鼓勵，以及我們每天早上和女兒一起朗讀的早晨鼓勵給大家參考。

自己整理床鋪

　　如果你希望培養孩子的獨立心，就讓他們自行整理自己的床鋪吧！這個簡短的儀式可以讓孩子感受到成就感，並愉快地開啟一天。但是，請不要過分要求孩子要整理得很完美，請稱讚孩子把散放在床上的東西歸位的行為，這樣孩子的整理水準將會越來越好。

將理想的一天視覺化

請孩子閉上眼睛想像一下今天會如何度過幸福的一天。對自己的一天抱有期待的孩子和不抱期待的孩子生活必然會有所不同。視覺化能向孩子傳達溫暖和包容的訊息，並幫助孩子形成積極的演算法。

為了成長而行動

請和孩子一起制定並完成能讓孩子成長的事。雖然有許多事都能讓孩子成長，但是要做什麼必須讓孩子自己決定。只要不是對孩子造成太大負面影響的事，都請接受並支持。我推薦可以每天閱讀十分鐘、學習英文、運動等父母和子女可以一起做的事，因為父母和子女一起成長是家庭的重要價值。

早晨鼓勵、整理床鋪和視覺化請分別用三分鐘、五分鐘、五分鐘進行，如果時間過短，孩子們可能會認為這不是重要的事。為了讓孩子能遵守時間，請使用計時器。

剛開始做時，比起讓孩子自己進行，父母陪伴孩子實踐一百天會更好，因為做了一百天之後，孩子就會養成習慣，

也能自己進行了。

　　最重要的是請讓活動的過程盡可能有趣，所以最好是以開朗的聲音和表情帶著孩子進行。當然，父母也請在孩子睡醒前先自行完成這三個步驟，或是在孩子面前分享自己的早晨鼓勵也很好。

給孩子的早晨鼓勵

1. 今天也開始了愉快又期待的一天。

2. 我相信自己。

3. 我健康且幸福。

4. 我喜歡學習。

5. 我很聰明。

6. 我有很多好點子。

7. 我有力量去創造我想要的東西。

8. 我很有趣也很有創意。

9. 我很獨特。

10. 我對自己的未來充滿自信。

11. 我的生活充滿樂趣。

12. 我對自己感到驕傲。

13. 我很安全，且受到保護和愛戴。

14. 我喜歡交新朋友。

15. 我的生活將會發生好事。

想成為女性們的導師

　　我正在尋找世界級導師，並努力將導師們傳授的知識轉化為自己東西時，我生下了孩子，並因此陷入極大的苦惱之中。我煩惱是否該為了孩子放棄工作，並專注於育兒。這不僅是我，也是所有撫養孩子的母親都會遇到的難題。

　　然而，在大部分男人寫的成功學中，我找不到同時追求育兒和個人成功的方法，也沒人說出只有女性才有的苦衷。我只看到這些成功的男人在發揮領導才能並取得成功的背後，至少都有三名女性為其犧牲，那就是他們的母親、妻子和女同事。

　　男性導師們有很多值得學習的地方，但是很難給主要負責育兒工作的女性好的建議。因此，我當時就像寫不出作業的孩子一樣，非常苦惱。

　　雖然我記得是哪一年的報導，但是那篇文章指出在國內銷售額前五百大企業中，沒有任何一名女性高階主管的公

司有 328 家，佔了 65.5％，意思是每三家公司就有兩家存在著女性無法往上爬的玻璃天花板。

在這樣的現實中，女性當然只會淪為間接幫助男性成功的工具。家事和育兒都必須包辦的女性有辦法在競爭激烈的社會中勝利並取得成功嗎？

如果你是女人，你怎麼看這個情況？

若你是男人，你又會如何描述這種情況？

我認為妨礙女性成功的最大因素就是女性自己。許多女性在看到取得成功的女性放棄家庭或育兒的事例後，都認為她們只能在家庭和工作中擇一，並覺得選擇工作肯定會後悔。

如果說成功人士在死前有什麼後悔的事，那就是「沒有足夠的時間能和相愛的人一起度過」，華倫巴菲特曾說：「成功就是七十歲後還能被我愛的人所愛。」我希望成功和家庭都能得到，無論是哪一個，我都絕對不放棄，並且希望兩者都能達到完美，而不只是普通的水準。因此從那時起，我就開始尋找合適的女性榜樣。

我請教的女性導師是外國製藥公司的五十多歲專業經營者。她的先生是大學醫院的教授，他們育有兩個孩子，真可謂是工作生活兩得意的女性。然而，她的先生在孩子還小的時候曾提出離婚。當時她工作太忙，凌晨出門，深夜回家是

家常便飯。她的先生不滿疏於照顧家庭和孩子的她，所以提出離婚。她經過深思熟慮後，做出了兩邊都要顧好的決定。

從今以後下午六點必須下班

之前的她在下午六點前完成大部分的工作後，晚上還必須為了業務與醫生、藥劑師或醫院院長一起喝酒吃飯，但是她決定不再如此，所以向工作了十多年的公司要求要準時下班。之後她晚上都和家人一起吃飯，早起準備便當，並抽空陪伴孩子。她告訴我，她的決心提高了孩子們的自信心，所以女兒成為了律師，兒子則當上法官。

順其自然

她給我的種種建議中，有句話最讓我印象深刻，十多年後還記得，因為我受到了很大的影響。她向我強調盡力而為後要順其自然。她的意思是過度執著目標並不健康，應該機智地視情況調整。

在我非常掙扎且著急時，總是會想起這句話。「當然要好好努力，但是最終要學會順其自然」，這讓我不再執著於

結果，只要努力了，我的心情就舒暢了。

聽到許多女性榜樣的故事，並親自見面諮詢對我很有意義，因此我也立志要成為女性們的導師。當然，這不是為了要排除男性，只吹捧女性。現在 Kellys* 中有相當多男性在自己的位置上發揮良善的影響力。我只是希望能讓女性們更了解社會結構體系和文化特質，所以我為了女性們的成功提出了幾個建議。

下定決心要成為佼佼者

無論在家還是在職場，都要以成為頂尖專家為目標進行挑戰。每個人一天都是 24 小時，我不是要大家多花時間，而是想強調質比量更重要。即使因為要照顧家庭，所以花在工作上的時間變少，或是為了工作無法和孩子長時間相處，但是不論我做哪件事，我都會只專注在那件事，並盡力提升品質。

偶爾我會聽到有人煩惱如果想兼顧工作和家庭，投入到兩邊的時間都會變少。這是有道理的，把時間分散後，還希

---

* 與作者一起發揮良善影響力的召喚財富思維者（Wealthinker）們。

望兩邊都投入很多時間簡直是天方夜譚。然而，如果將時間用在品質上，其過程和結果必然有所不同，專注和投入很重要的原因就在於此。

下班時間一到我就會下班，只要工作成果好，不會有人對此說什麼。工作與生活平衡是純粹只以時間的多寡為基準所提出的概念。認為必須要在兩邊投入相等時間的人，在這兩個領域都很難成為第一，因為他們會總是過著被時間追著跑的生活。因此，我建議在一定的時間裡專注在品質上。

要得到他人的協助

我們必須把先生或一起生活的家人拉到自己這邊，並且共同分擔育兒和家事，這樣才能解決問題。如果你的家人不給予幫助，要顧好工作和家庭是非常困難的。

然而，能爽快地一起育兒和做家事的先生並不多，也許你需要不斷說服另一半，才有辦法得到協助。先生們的這種態度是因為他們認為育兒和家事是妻子的事，但是那明明也是他們的責任。

其實，這是源於男性打獵，女性在家負責家事和育兒的悠久歷史背景，但是隨著時代的發展，很多事情都發生了變

化。為了健康的家庭和幸福的生活，夫妻兩人都必須兼顧工作和家庭。先生必須真心支持妻子，成為妻子堅實的後盾。最好的夫妻就是謀求彼此都成長的人。

另外，我建議不要在壓力很大時還被家事拖累，真的不行的時候請欣然支付家事服務費用，並在清潔人員打掃的時間專注陪伴孩子，或是享受夫妻時光。每周至少使用一次清潔服務是不錯的選擇。另外，在周末備好一周的糧食，切好蔬菜或肉，接下來的一周就能更方便料理。

得到專家的幫助

想要成功的慾望基本上意味著想做好一切，但是我們都非常清楚要兼顧家庭和工作並不容易。想獨自一人抓住兩隻兔子意味著可能會失去兩隻兔子。

我在英國有個法國朋友，她是一位教法語的老師，為了兼顧育兒和工作，她將孩子託付給專業機構，但是托育的費用比她的收入高。

在韓國，如果面臨這種情況，多數人都會辭職，但是這是錯誤的選擇。孩子們成長得很快，即使托育費用超過收入，這樣的時間也不長。只要繼續工作，收入就會增加，升遷後

薪資也會增長。相反地，職涯中斷五到十年的女性，因為實力衰退，即使想重新就業，也很難在鉅變的社會找到自己想要的工作。

法國朋友把孩子交給專家的費用雖然比她的收入高，但是她可以繼續做自己喜歡的事，最重要的是她能維持生活的動力。她說她對孩子們沒有歉意，反而期待在專業的系統課程中成長的孩子們。她之所以這麼說，是因為下班後和周末她會完全專注在孩子身上。

當孩子們逐漸長大後，她的時間開始變多，也能在職場進行更大的挑戰。父母成長了，孩子們也成長了。

有些父母對於把孩子送到幼稚園感到抱歉，但是我建議把孩子交給專家，因為在托兒所或幼稚園，有專家比你更能提高孩子的教育品質。

然而，在選擇托育學校時，你必須進行徹底的調查和事前考察，以確認每名老師要照顧多少孩子，老師的休息條件和待遇是否得到保障等。如果直接教育孩子的老師們感到疲憊和壓力，無論學校外觀看起來多華麗整潔，必然會出問題。請想想你教養孩子的時候，即便再珍惜孩子，不免也有提高嗓門發火的時候吧！因此，你必須對托育的地方進行周密的調查和觀察。

讓自己升遷

許多研究指出男性對自我的評價往往比實際實力高，女性卻傾向給出比實際實力低的自我評價。我認為女性也應該學習提升自己的位置，讓自己在家和職場得到相應的待遇。如果你能認同自己，別人也會給予你好的待遇，因為熱愛自己的人必然會散發出正向的氣質和氛圍。因此，你在做被賦予的工作時絕對不能自我否定。

不吝惜投資

雖然很努力，但是仍然原地踏步的人並不少，那是因為他們認為努力就會成長，但是努力和成長是完全不同層面的事，人絕對不是努力就能成長。成長必須注入新的能量才能達成。

舉個例子吧，努力包裝一百個商品就能成長嗎？我認為不是，在包裝商品時思考並學會縮短時間以包裝更多商品，這才能稱為成長。為了在職場和家庭中成為專家，我們必須仔細地反覆咀嚼這一重點。

職場與家庭的工作，如果單純按部就班進行，就只是努

力去做而已，所以為了將工作做得更好，一定要參加與職務相關的教育、諮詢、會議和演講等訓練，致力自我開發。家事也一樣，最近網路上有許多可以更有效率完成家事的資訊，請一有時間就抽空去看。希望大家不要忘記，當我們沒成長時就會變得不安，不過那也是新想法產生的契機。

接受善意

將在業界一直排名第二的百事可樂變成第一的推手 CEO 盧英德（Indra Nooyi）把從父親那裡聽到的建議當作生活的指標，那的建議就是「不論其他人說或做什麼，都要假設對方是善意」。雖然這只是非常單純的觀念，但是卻對盧英德造成很大的影響，甚至改變了她對待生活的方式，因為這讓她可以捕捉對方言行中包含的真正訊息。

可能會有人嫉妒或陷害透過召喚財富思維而下定決心努力生活的你，儘管你的生活發生了很多變化，但是還有很長的路要走，不要每次都和這些人爭吵，而是要聰明地應對，並以與批評或歧視你的人共生的姿態取得對自己有利的結果。一旦把對方的言行當作善意，我們就會真心想理解對方，而這種態度也會改變對方的行動。無論在職場還是在家，我

們都要努力成為被愛且給予愛的人。

考慮暫時的收入減少

如果女性想開始新的生活旅程，就需要暫時性的支出，我希望大家不要因此感到太大的負擔，特別是在孩子們小時候，比起賺錢，更應該透過多種管道專注於自我開發。

很多人把孩子交給專家後，卻對於投資自己感到猶豫，只能不斷安慰自己：「因為沒剩多少錢，所以等孩子們成長到一定程度後，再開始投資自己就好」。然而，這往往會導致她們發展受限，喪失自信，甚至害怕新的挑戰。如果你希望顧好工作和家庭，就要增加對自己的投資，也必須具備明確的投資概念，才有辦法兼顧。

均衡地設計生活之輪

不平衡的生活之輪

　　如果說召喚財富思維的精隨是視覺化，那麼實踐的結果就是均衡的生活。我認為，我們所有人都應該透過召喚財富思維實現平衡成功且幸福的人生。為了創造成功的幸福人生，我們不能讓人生的車輪過度集中在部分領域。如果你的生活像偏了一邊的車輪，你就無法輕鬆前進，唯有在生活的所有領域都能均衡成長，我們才能過上健康的生活。

　　生活的車輪是生命教練們在進行個人指導時使用的工具。為了對生活的各重要領域進行全面的自我滿意度調查，請在每個領域都以 1 ～ 10 分打分數（1 分為非常不滿意，10分為非常滿意）。你可以透過這個調查修正生活各領域的比重，並藉由將生活視覺化正確評估目前的生活平衡度。首先請在以下的空車輪填上你目前生活各領域的分數，請注意不要和他人比較，只要填上自己感受到的滿意度即可。

生活之輪自我診斷

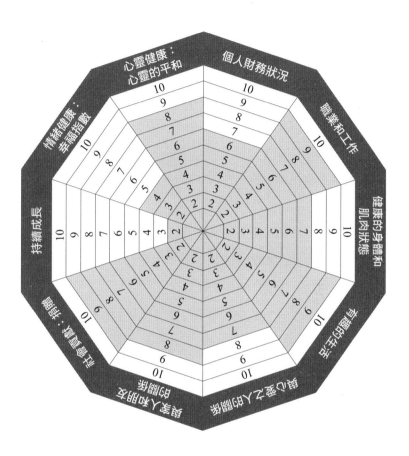

個人財務狀況

　　你的財務狀況是多少分？你有多滿意？有些人認為只要有一億韓圜就是滿分，但是也有人認為即使有三十億韓圜仍然很窮，所以首先請思考對你來說真正的財富是什麼？

　　生活的十個車輪項目全部達到 8 ～ 10 分時，就稱得上是真正的富翁。我在前面數次強調財務狀況高卻不富的理由。我們想成為富翁是為了幸福，向我諮詢的人當中，有些人認為比起富有，幸福會更好，或是覺得富有會招來不幸，他們都對財富表現出排斥的反應。

　　這樣的人絕對不可能成為富翁。我認識的富人們看起來都很幸福，他們總是健康活潑，與家人很親密且自由，所以我認為好的財政狀況仍是非常重要的。我曾經因為錢而想自殺，但是我後來領悟了富人的秘訣，所以制定了以下目標。

　　我要創造能讓自己擁有想要一切的財務狀態。

　　我要確保自己有足夠的時間過想要的生活。

　　我要擁有拒絕我不想要的事的能力。

　　我訂下這些目標後，用數字量化，不到五年就實現了夢想。現在的我比大家想像的都要好，我已經到了可以買到我想要的一切的狀態。我有時間和財富可以在自己想要的地方與想見的人做自己想做的事。當然，我也有能力拒絕我不想

做的事。

　　請你也寫下對你來說什麼是富翁，並且閉上眼睛想像成為富翁的時候，想像的重點是將你的目標具體化為數字，並植入潛意識中。例如，將你想要的房子、車子、給家人的禮

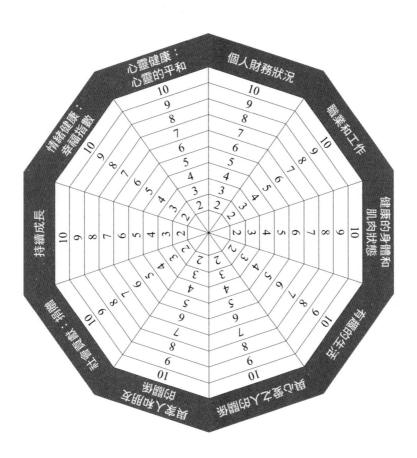

物及生活費等全部加起來，看看目標數字是多少，這樣潛意識會更容易記住你訂下的目標數字。

職業與工作

　　我們透過職業接近夢想，更進一步來說，職業讓我們執行我們想要實踐的人生任務。所謂好的職業，不僅讓人經濟自立，也使人感到光榮，並對社會有貢獻，甚至能保護地球和環境。唯有對社會做出貢獻，人們才能感受到自身存在的價值。

　　大部分的職業都能救人，建築工地的工人建造房屋或學校，透過提供安全和穩定的房子來救人，餐廳員工負責客人的健康等。即使做同樣的工作，也會因為每個人賦予這份工作不同的意義而產生不同的價值和結果。

　　因此，請努力在現在的行業爬到最高的位置。別人能做的事，你也能做到。大部分的業界都已經有經過反覆嘗試錯誤、修正、挑戰並取得成功的人。儘管如此，仍然有許多挑戰者想再次經歷試錯，並辛苦地改革，這會使他們浪費不必要的精力、費用和時間，這完全是錯誤的方法。

　　不論你的行業是什麼，請先和厲害的前輩們學習，達到他們的水準後再用你的創新方法走得比他們更遠就可以了。

如果能像最優秀的人一樣努力，就有很大的機率登上最高的位置，並在其他事情上也成為厲害的策略家。因為精通事情的本質就能洞察成功的原理。

失敗者和成功者就差在那一成或兩成，成功者會做到成功為止，失敗者則往往在剩下最後一成的時候轉身說自己沒有才能，並放棄幾年來傾注的一切，想著要重新開始。請不要這麼做，一定要養成做到成功為止的習慣。有句話說得很好，不是強者生存，而是生存下來的人強大。

健康的身體和肌肉狀態

我的身體健康分數最低，但是生平首次練出有肌肉的身體時，我給自己滿分。當生活車輪上的十項領域全部均衡時，我們就會感到幸福。其中最重要的幸福首要條件就是健康，因為健康是成功的鑰匙。

如果沒有健康的身體，其他九個領域也會如骨牌般崩潰，尤其年齡到了四、五十歲後，更要以健康為優先。健康重要的另一個原因是，如果身體肌肉衰退，思維肌肉也會萎縮。我們這些企業家需要健康的思維和心靈肌肉，讓我們能持續做出好的決定。因此，成功的企業家們都有每周運動三次的習慣。

成功的人總是精力旺盛，內外都強而有力，我們不能忽視這是出自他們體力好的事實。因此最重要的是要把時間花在培養體力上，特別是腹部和胸部要有肌肉才能產生挑戰新事物的自信，也才有膽量持續前進。

　　希望你也能持續不懈地維持健康，讓自己能在機會突然到來時自信地說：「我來做吧！」並成為享受新挑戰的人。

有趣的生活

　　樂趣和興奮是成功的必要因素，無論做什麼，只要你覺得開心有趣，就會向周圍的人傳播正能量，請在日常生活中尋找樂趣和興致吧，這樣一來，你做任何事都會覺得更有趣。

　　「這件事一定很有意思！是吧？」

　　「哇哇！今天應該也會很有趣，我好興奮！」

　　我經常用興奮的語氣說這幾句話。Kelly Deli 的價值之一就是「有趣地做事」。我們的員工常常思考如何為自己的工作注入幽默感和樂趣。

　　洗碗的時候，「這個工作肯定很有趣！」

　　打掃的時候，「哇！好開心！」

　　今天要用什麼方法有趣地度過呢？

　　放音樂如何？

要不要先大笑一下再開始工作？

員工們說完這些話之後，對工作的負面壁壘就會倒塌，並且真正開始覺得工作很有趣，所有的員工也能因此感受到正能量。我們公司的員工即使做同樣的工作，也會尋找並運用與去年或昨天不同的方法，這樣才能更創新且有趣地工作。保障工作的自由度，允許自己經歷成功和失敗也很重要，如此員工之間才會有製造新趣味要素的能量。

不僅是工作，我們也要努力和家人一起愉快地生活。舉例來說，我為了讓女兒像玩遊戲般學習，我會先開心地和她說話。

「媽媽，這個太難了，我沒興趣。」

「那要不要用更有趣的方法來學呢？」

「好啊！」

我就是像這樣和女兒一起尋找樂趣。

「哇！好主意，再挑戰一次吧！」

「我們來比賽誰可以用更有趣的方式背九九乘法！」

「如果認真彈鋼琴一定會很棒很有趣，對吧？」

那麼，女兒也會笑著回答：「對啊！看起來一定會很帥！」女兒透過讓挑戰變有趣，或是下定決心要讓已經做過的事做得更有趣，可以開心地學習各種東西。

你也試著在自己的生活中增添一些樂趣吧！剛開始其他人可能會用奇怪的眼神看你，但是享受工作、與配偶互動，並且樂於學新東西的你一定可以為那些人傳遞正能量。

無論是在人際關係還是在工作上，在開始之前請先興奮地說：「哇！應該會很有趣！」這不僅能讓你覺得這些事沒有想像中困難，也能使你更快達到目標並取得更多成就。

與心愛之人的關係

你的關係分數是幾分呢？如果你認為自己和周遭的人，特別是心愛的人關係在四分以下，那麼你應該要思考建立自己想要的關係需要什麼，以及不需要什麼。我們有著像配偶一樣因為相愛而選擇在一起的關係，但是也有像父母或手足一樣無法選擇的關係。如果這些關係出現問題，生活就難以平衡，所以請一定要包容並愛護與自己關係深的所有人。

現在我想問大家一個問題，我們越給越多的東西是什麼呢？是愛！關係中最重要的核心就是無條件的愛。愛是沒有理由的，我們每天都應該比昨天更愛每天早上睜開眼睛就能看見的那個人。我認為既然那是我選擇的關係，我就應該好好愛對方，這就是我愛人的方法

很多人會嫌棄關係親密的人，這是錯誤的行為，我們都

是為了彌補不完美的彼此而在一起，所以對方當然不是完美的，但是有些人卻會因此討厭對方。例如，本來因為對方很會聊天且幽默，所以選擇在一起，但是久了卻厭惡對方話太多。

我們應該將對方與自己的差異視為好的，不能理解的部分也應該予以尊重，我不是要大家勉強理解，而是請大家選擇尊重，這樣時間久了自然就會理解。　良好的關係是透過不斷的自我反省締造的，只看到他人缺點的人難以建立健康的人際關係。因此，請無條件地愛對方，並透過書寫和思考理解關係，持續培養能和諧相處的力量，因為獨自一人絕對不可能到達自己想要的地方。

與家人和朋友的關係

你認為一加一是多少？當然不是二。我問這個問題不是想浪費大家寶貴的時間。無論是多優秀的富豪，或受多受人尊敬的人，如果沒有想讓其貢獻的家人和朋友，就沒有任何意義。

我因為媽媽出生了兩次，她生下了我，並且在我負債時又再次救活了我的靈魂。我在事業和人際關係都失敗，靈魂即將死去的時候，塞納河上浮現的媽媽臉孔讓我重新站了起

來。媽媽給了我無條件、無私且如生命般珍貴的愛，所以我是為了媽媽和我的家人而重生。

我曾經思考生活的理由究竟為何。雖然我希望自己能有明快又令人讚嘆的帥氣答案，但是實際上這些思考都以不太清楚收場。在為生計忙碌的人生中，連回答生活的理由都讓我覺得奢侈。然而，人類生活的理由其實非常簡單明瞭，就是為了生存，並且是和家人或朋友一起。家人和朋友是世界上唯一無條件相信並支持我們的人。

從這個意義上來說，我會說一加一是一百。我加上我的家人，答案不是二也不是三，而是一百！在生活的車輪上，這個領域對所有領域都產生了強烈的影響。古人所說的「家和萬事興」現在仍有道理，我也支持這個觀念。因此，請大家要珍惜與家人和朋友的關係。

請和你的家人朋友一起成為一百分吧！如果你沒有犧牲，就絕對不可能進入一百分的狀態。請親自寫出並實踐你能為家人朋友做的事，並且為了他們改掉需要拋棄的習慣吧！

社會貢獻：捐贈

人生的目標不是累積，而是貢獻和奉獻。我時不時就會

問自己：「我現在能做什麼貢獻？我該貢獻什麼？我能為他人做些什麼？」

一千韓圜對我們來說雖然是小錢，但是卻可以做很有意義的事。用一千韓圜購買殺蟲劑可以救活一名菲律賓兒童，也可以讓在地球另一端挨餓的孩子吃一頓飯。

如果再提高一點金額，就能創造巨大的奇蹟。十萬韓圜就可以幫助馬達加斯加的學生上一年學，五萬韓圜就可以幫助一個韓國家庭。那麼，一億韓圜能創造什麼奇蹟呢？可以在菲律賓蓋學校。

你的才能和財富可以成為改變別人人生的力量，你的一小時對某些人來說也會是難忘的幫助。人性本善，每個人都希望對他人有所貢獻，但是大部分人不會馬上行動，而是想著要等到成功後再來做。我也一樣，到了四十歲仍覺得自己沒有具備捐贈的條件，並且直覺地認為自己永遠不可能捐贈。

然而，我下定決心過幸福而非成功的人生後，不論是否具備捐贈條件，我都決定將收入的一部分拿出來捐贈。我和先生一開公司就開始捐款，並以捐贈為契機做了 Kelly Deli 粉底液，從而為很多人帶來了力量。這是觀察家人、鄰居和世界，並進一步思考自己能做什麼後所得到的成果。

真正的貢獻是從現在就開始實踐，唯有如此，財富的氣

韻才會流動。請別想著以後再做,「以後」絕對不會到來。
我們送給他人的小溫暖往往以數十,甚至數千倍的速度回來。
我的人生因為奉獻而變得更加豐富多彩。

希望你也為了實現真正的財富,從現在就開始思考並將
你的才能和財富貢獻給他人。捐贈不是失去,而是打開財富
之路的行為。

持續成長

成長讓人實現夢想,夢想帶來幸福,所以成長就會變幸
福。無論多麼貧窮困苦,人在成長的時候都能感受到希望和
幸福。如果你覺得夢想還離你太遙遠,就要專注在成長上,
並透過策略實踐自我發展。幸福的捷徑是每天都在成長,即
使時間稍微長了一點也沒關係,哪怕只有一點點也要每天持
續前進就是成長的核心。

與實現夢想時相比,人類在成長時會感受到更大的滿足
和幸福,無論多麼成功的人生,如果沒能持續成長,也只會
萎縮。

情緒健康:幸福指數

這個領域是指每天是否以健康的精神迎接早晨。每天早

上會決定你能否過幸福的一天，對於提高幸福指數非常重要。很多人認為情緒是外部因素造成的，但是事實並非如此，情緒健康是由內部因素決定的。

首先，請不要一直想著消極的想法並使用負面的言語。我沒有消極的想法，每當負面想法出現時，我就會搖搖頭將其甩出腦袋。唯有用積極的想法填滿大腦，我們才能朝好的方向前進。

心靈健康：心靈的平和

為了精神健康，我們要花時間專注自己的內心，無論是否有宗教信仰，都要努力維持心靈的平靜。心靈的平和是我事業成功的一大功臣。我想著自己一定要成功，並拼命工作時，成功反而離我遠去，但是當我盡全力做好自己的工作，用平靜的心態專注在過程而非結果時，成功就在不知不覺間向我靠近。

精神健康有助於身心和社會健康的平衡，所以我們必須在任何外部噪音下都保持健康的精神和平和的心靈，唯有如此，我們才能不被外部刺激所動搖，並控制好自己的心。

我為了保持精神健康不看新聞，雖然看新聞是重要的事，但是為了保護自己，所以我不看。你也許會訝異做生意

的人怎麼可以不看新聞，但是我這麼做為了自己的精神健康，因為看了新聞後，大部分的恐怖事件、新冠疫情、死亡和自殺、宗教墮落等負面資訊都會留在我的記憶中。

這會使我的精神世界陷入混亂和恐懼之中，所以我是藉由讀書來洞察世界潮流，雖然我無法看完所有的書，但是可以專注在我想深入的領域，也因為我看了許多預測未來的書，所以我不僅沒有不足之處，反而能藉此與該領域的專家有意見交流，並因此更了解未來趨勢，所以我不會感到焦慮。

以前的我總是很不安且害怕未來，只要受到一點刺激就容易動搖，也因為無法控制自己的內心，所以常常想大罵這個世界。當時我的心就像臉盆裡的水，只要掉下一小塊石頭就會劇烈晃動，濺出所有的水。即使是發生好事或得到稱讚和獎賞也一樣，我每次都控制不住情緒。

當時，我為了內心的平靜果斷做出決定。因為我認為太過情緒化的人絕對無法成為優秀的領導者。因此，我養成了不將注意力放在外部，而是專注於內心的習慣，這樣一來我的心情就能像湖水一樣平靜。自從我的心從臉盆裡的水變成了寬闊的湖水，現在無論再怎麼向湖水扔石頭，也只會短暫地蕩漾，馬上就會平靜下來。當然，無論我在外部是受到稱讚、實現巨大挑戰、獲獎或發生好事時，都可以毫無動搖地

保持平靜的心情。

被稱讚就會得意洋洋的人在處於相反的情況時就容易感到悲傷或憂鬱。不要被外部情況動搖並保持內心的平和與健康是成功的捷徑。

每個人放鬆心情的方法都不同，重點是要有意識地進行。只有這樣，才能擺脫內心的雜音。我實踐八種有利於精神健康和心靈平靜的方法，包含冥想、聽音樂、正向思考、瑜珈、閱讀、做志工和捐贈、旅行和運動。我之所以訂下這八種方式是為了不浪費時間，讓自己能立刻實踐。請你也為了平靜的心制定屬於自己的放鬆方法吧，這樣在心情起伏時，你才能擁有像湖水而非臉盆水一樣的心。

你完成自己的生活車輪了嗎？你的車輪轉動得順利嗎？可能會有輪子的形狀歪歪扭扭的人，也會有輪子形狀接近完美圓形的人，重點是請從現在開始試著讓車輪變得更平衡。你必須設定五到十年的中長期目標，規劃讓自己的車輪在時間到時有完整的圓型。

但是請不要試圖快速提升車輪所有領域的分數，請先將其中一個達到最高水準，其他的領域就會自然而然提升。例如我是先在五年內讓個人財政狀況、職業和工作上達到高分，其他領域的目標也接著一個一個實現了。

為了鼓勵並支持自己的熱情，請大家認真且深入地面對繪製車輪的過程。我也建議大家盡可能在沒有外部刺激的狀態下，一邊自問自答，一邊繪製生活之輪。繪製完成後，請想像車輪成為完整圓形時的樣子，並持續努力。就像之前擁有凹凸不平醜陋車輪的我能成功一樣，你也可以做到！

　　我相信你！

彷彿我在塞納河上已經死過一次

　　我們現在生活在一個充滿變數的時代，新冠疫情、經濟不景氣、低生育率、高齡化、環境問題等，沒有一個問題有明確的解方，所以我們每次遇到這些問題時都會非常緊張。這樣的情況強烈地侵蝕我們的心，也養成了目光短淺的生活態度。

　　許多人失去了生活的理由，每天都只是苟延殘喘地活著，這已經算是不錯了，有些人因為這些難解的問題而自殺。每次看到這樣的消息，同樣身為人的我都會陷入深深的苦惱之中。

　　生存看似簡單，實則並不容易。誕生在這個世界，尋找自己的食物是身為人的本能，也是不放棄生存意志，並盡到身為社群一員的責任及義務的表現。

　　我們所經歷的許多痛苦多取決於我們看待問題的觀點。因此，我想說的是問題本身不會給我們帶來痛苦，我們看問

題的態度才會。如果希望明天能過上更幸福的生活，我們就必須繼續活下去。珍惜自己生命的心將成為我們實現目標的起點。

最近我收到許多關於新冠疫情的來訊，在無法預料且未準備好的狀態下爆發的疫情真的引發了很多問題。全球性的失業、停業和不斷增加的負債也加深了我們對未來的不安。沒有比明天更不令人期待的了，還有比這個更可怕的事嗎？

隨著新冠疫情的長期化，失業或事業失敗的人、罹患憂鬱症的人、雖然有夢想但覺得未來渺茫的人越來越多。我也曾經歷過這樣的鬱悶和疲憊。儘管如此，我當時對重生的渴望激勵了自己。有一次某個青年問我這樣的問題。

「我覺得自己很渺小，如果您是我，您會先做什麼呢？」

這位青年從小就嚮往廣闊的世界，為了能盡情探索這個世界，他非常進取。後來他成了航海士，在海上奔波的同時也為了實現更大的目標而努力。然而，這名青年不知為何卻有錯過重要東西的感覺。因此，他每天都望著大海問自己生活中真正重要的是什麼。後來為了尋找自己想做的事，他辭去了航海士的工作。

這位青年為了自己的目標拼命努力，但是結果與他的期待相反，沒有一件事順利解決。他原以為會飛向昌盛的未來，

卻彷彿摔落到地上。那位青年帶著對自己選擇的莫大後悔，以及對未來的不安回到了韓國。但是更糟糕的是，在相對較差的處境下，他開始不斷和他人比較。

我充分同理這種心情。我也曾渡過不希望自己變渺小，但是卻不斷用負面想法折磨自己的艱難時期，所以我非常清楚後悔自己的選擇，總是想找回過去榮耀是出於什麼心情。

青年向我坦白了自己正在經歷的困難，事實上我們的生活會不斷經歷苦難、傷痛和不幸，但是越是處在這樣的時期，越要往自己想要的理想狀態前進，並且告訴自己苦難總有一天會消失。

這個世界上也不是只有我一個人如此辛苦。那位青年表示當時南美地區的情況比韓國更嚴重。失業、暴動、搶劫，人們的眼神都充滿了殺氣。大家互不信任，今天的盟友往往明天就會成為敵軍。

雖然我之前的處境真的很糟，但是聽到這些，我發現比我情況還糟的人很多。我之所以說這些，並不是要大家去看處境比自己壞的人，並因此感恩和知足。我想表達的是，請千萬不要輕視自己的生活，不管處在多麼困難的情況下，相信自己的價值並持續前進的人一定能實現目標。

如果你想珍惜自己的生活，就要賦予人生價值和意義。

你應該透過召喚財富的思維持續思考自己生活的理由，從而獲得活下去的力量。以下我依據年齡的不同，為有意義的生活提供目標意識。

不同年齡階段的人生目標意識

- 十幾歲的人在學校學習生活自立的方法。
- 二十多歲的人有了工作，經濟獨立並累積各種挑戰和經驗。
- 三十幾歲的人應從目前領域的榜樣或導師那裡學習，成為該行業中最優秀的人才，這是幸福人生的準備過程。
- 四十多歲的人一定要成為業界第一，並且賺到能退休的錢。
- 五十歲以後是貢獻期，要將自己獲得的經驗回饋給社會。

每個人在完成自己人生目標的過程中，也不要忘記搭起和他人的橋樑，因為我們不是一個人前進，而是要懂得等待並幫助生活受阻礙的人，所以將自己擁有的東西還給世界的過程是最重要的，這也是我書寫本書的原因。

即使你現在處在幸福之中，如果不持續努力，這樣的生

活也會崩解。因此，比實現目標更重要的是戰勝苦難的力量。要想戰勝苦難，我們就必明確了解自己活下去的理由。尤其我們必須相信自己是獨一無二並且潛力無窮的人。

想得到自己想要的東西，首先必須珍惜自己。

一個人對生活不屑一顧之時就是那個人死去的時候，如同我在塞納河上死過一次一樣。

我那時體會到同行之美

　　2020年夏天發生了非常特別的事，那就是Kellys的誕生。我透過IG上傳思維力量和召喚財富思維的內容，希望這些充滿鼓勵的活動能為大家帶來力量，並期望藉此告訴大家，只要能團結面對困難的時局，就能戰勝一切。我之前曾遭受慘痛的挫折，所以非常清楚身處困境的人有多需要幫助，也因此我分享了我的經驗。

　　也許有人看到我這樣的行為後感到驚訝或無法理解，但是我認為我應該這麼做。如果我分享的東西能成為他人重新活下去的動力，沒有比這更有意義的事了。後來有很多人開始為我加油，最讓我感到激動的是很多人參與了我的善心活動。

　　我那時體會到同行的美。無論多　美好良善的事，一個人做和很多人一起做還是會有很大的差異。有和自己志同道合的人本身就讓我感到安慰並充滿力量。另一方面，這也是證明並擴展召喚財富思維信念的時刻。就這樣，蘊含「我們

是一體」之意的 Kellys 誕生了。

召喚財富思維的真正力量是在傳達善良影響力時達到極致，只有當你不只想著自己時，才有能力打開成功的鑰匙，並且領悟到思維中的偉大成功是謀求所有人的成功和成長。我們所有人都透過宇宙的能量相互連接為一體，所以在你認識到共生的重要性並做出貢獻的瞬間，就是做到了召喚財富思維。

吸引財富的力量就是做人的道理，擁有這樣的能力，你的財富態度永遠會是健全的，並能了解我們得到的真正財富都是透過他人完成的。在奢侈和享樂的世界裡，如果你選擇炫耀財富，也許會暫時感到快樂，但是很難得到真正的財富。

我和 Kellys 一起努力分享整個宇宙的正能量，在全世界活動的 Kellys 不將世界二元化，只把救人作為終極目標，因為我們是希望所有人都能實現夢想，並且擁有真正財富的思維者（wealthinker）。

歸根究底，財富的答案是人，人心是相連的，就像你我用刻在這張薄紙上的字句連接在一起一樣。因此，得不到人心，就無法取得大成功。這個世界又大又廣，即使別人已經擁有滿滿的財富，也一定還有你的那份，所以只要有意識地努力幫助他人，你的庫房也會充滿財富和喜悅。

我為大家準備了召喚財富思維者的精神和九個宣言，這是為了擁有財富而必須具備的基本精神。許多人問我該以什麼樣的心態獲得成功，以及我是如何在短時間內獲得巨大的財富。因為我太常被問到這樣的問題，所以才整理出召喚財富思維者的精神和九種宣言作為我的回答。

　　有些人可能會覺得內容太宏大，或是認為應該先追求自己的成功，再做對他人和環境有利的事。但是這種膚淺的心態無法承載巨大的財富。

　　我把召喚財富思維者的精神和九個宣言銘記在心，並建構了事業。我熱於貢獻，並且向自己發誓，不會為了自己的利益危害環境。最重要的是，我決心熱愛真實的自己，結果就走到了今天。

　　我反覆推敲自己是從什麼時候開始成功的，並有了這樣的感悟。當我只想為了自己取得成功時，似乎離成功越來越遠，但是當我想著「我們」之後，成功就接連不斷。只想到自己的人會遠離成功，相反地，思考我們的人自然會獲得成功。

　　希望大家早晚都能讀一次召喚財富思維者的精神和九個宣言，讓健康的思維扎根，從而擁有像湖水般寬廣的心，並成為擁有真正財富的召喚財富思維者。希望這些建議對你的財富之路有所幫助。

召喚財富思維者的精神

- 每個人都是能幫助他人完成夢想的召喚財富思維者。
- 召喚財富思維者具有「我們是一體」的意思。
- 召喚財富思維者愛著真實的自己。
- 召喚財富思維者喜歡反覆挑戰和失敗，並在失敗中學習。
- 召喚財富思維者知道成長就是幸福，並且為了明天的成長努力。
- 召喚財富思維者明確設定目標，並且毫不懷疑地相信自己持續努力就會實現夢想，並成為幸福的富翁。
- 召喚財富思維者是真正為社會作出貢獻並樂於分享的未來領導者。

Kelly's Page

召喚財富思維者的九個宣言

1. 身為召喚財富思維者，我愛真實的自己。
2. 身為召喚財富思維者，我享受挑戰和學習，並且不害怕失敗。
3. 身為召喚財富思維者，我深知成長就是幸福。
4. 身為召喚財富思維者，我會堅持不懈地培養能力。
5. 身為召喚財富思維者，我對每件事都很積極，遇到問題時我也會努力尋找已知的答案，並開發創新的答案。
6. 身為召喚財富思維者，我會發揮自己的才能，成為有良善影響力，並為社會做出貢獻的人。
7. 身為召喚財富思維者，我擁有國際視野，也會為全世界的 Kellys 加油，並與他們一起成長。
8. 身為召喚財富思維者，我的夢想是有利於他人和環境的善夢。
9. 身為召喚財富思維者，為了保護地球，我不會做出危害環境的行為，並且付出一切努力實現有利於他人的善良夢想。

結語：有所貢獻的人就是召喚財富思維者

　　偉大的成功源於為了他人付出的心，成功人士們都具有強烈的博愛精神。

　　成功前的我只想著要為了自己成功，因為對在競爭激烈的社會進行生存戰鬥的我來說，為某人的幸福著想是奢侈的。過去的我人生最大的目標就是盡快實現夢想並取得成功，我希望抹去艱困的過去並獲得成功和財富。但是不知出於什麼原因，我越是努力，成功卻離我越遠，感覺我似乎永遠都抓不到。

　　在一次重大的失敗後，我陷入心死的狀態兩年。出生貧窮小農村的我憑著一股倔強所堅持的一切都變得毫無意義。當時我想著如果結果是這樣的話，何必如此拼命生活呢？我以這樣的心態否定過去的努力。我因為無法知道那麼盡力生活卻沒能成功的理由，所以非常痛苦。我不斷問自己。

　　「你還能做什麼？」

「你有辦法還債嗎？」

「還有人會雇用你嗎？」

　　我越問越陷入漆黑的黑洞中，感覺自己似乎要消失了。但是幸運的是，當我打起精神說要為媽媽活下去時，我問自己的問題發生了變化。

「活著是什麼？」

「要怎麼生活才能為我所生活的地方做出貢獻？」

「我能為像我這樣在異鄉受苦的亞洲人做些什麼？」

「在保護環境的同時，你還能不能創造出對人類有益的東西嗎？」

　　當時的我完全不知道從「我」轉成「他人」的問題本身就是成為成功人士的關鍵。從前的我已經死了，我現在只有貢獻他人的心意，這是我從只想著自己變成想著你和我們的時刻。

　　想法一變，我的行動也完全改變，我無論做什麼不喜歡的事都會不由自主地哼起歌來，就算是困難的事，我也會搶著做。從前的我不把別人放在心上，所以稍有不愉快就會罵

人，也習慣斤斤計較。但是現在再也看不到那樣的我了，只要有人能因為我得到幸福，我什麼都願意做。

為生活在歐洲的亞洲社群貢獻、真心為顧客著想、幫助員工成長、協助員工實現夢想、製作健康的食物、不破壞地球環境等，這些都是重生的我想做的事。我當時領悟到不斷付出卻仍滿溢的就是愛，透過付出就能獲得巨大幸福也是因為愛。沒過多久，我就實現了我想要的一切，過去想擁有卻逃跑的成功和幸福，在我付出的時候不斷靠近，我也因此得到了更多的東西。

沒有人在不愛他人的情況下能長期成功的，為什麼貢獻他人會帶來成功呢？在萬物中，人類之所以能夠不滅絕並持續延續，就是因為愛。我們不只掃門前雪，而是擁有惻隱之心，所以我們才能生存下來。

我為了聽成功人士的演講而前往美國時發生了一件事，我看到 CEO 謝家華的貢獻後有了深刻的領悟。他是網路鞋店 Zappos 的創始人，身為臺裔美國人的他在網路上開展鞋業不到十年就以 12 億美元的價格將公司出售給亞馬遜，並成為億萬富翁。因為賣鞋而受亞馬遜矚目，這實在讓人驚訝。

更令人驚奇的是他充滿人情味的經營哲學。謝家華自稱為幸福送貨員，我一聽到這個名字就掩不住微笑。不是單純

賣鞋致富，而是透過鞋子向顧客傳達幸福，這讓我對他產生了尊敬之心。我認為亞馬遜不僅購買了 Zappos 的事業潛力，還買了以人為本的哲學。這種良善影響力讓謝家華進入了億萬富翁的行列。

有個故事能說明謝家華是多　重視人。某個顧客訂了鞋子要送給母親，但是鞋子還沒收到，母親就去世了。喪禮結束後，顧客發現了那雙鞋子，才想起自己訂購了鞋子，此後每次看到那雙鞋，他就會因為想起母親而心痛。因此他打電話給 Zappos 說明原委，並要求退款。如果是其他公司，應該會斬釘截鐵地說已經過了很長的時間，所以無法退貨了，但是 Zappos 的員工們卻立刻處理退貨，還送了手寫信和花束安慰顧客。

我聽到這個故事後大為感動。許多人在付出時會覺得吃虧，但是這些付出都會以幾倍的福利再次回到自己身上。那位得到 Zappos 安慰的顧客分享了感人的故事，Zappos 的企業形象因而大幅提升。如果說謝家華與眾多電商有什麼不同，那就是真心愛人的精神。

謝家華英年早逝，但是他分送幸福的精神依然留存。他特別重視員工福利，並以「不強迫員工自我犧牲」、「不為個人利益，而是讓員工感到幸福」、「先得到員工們的心」

等經營哲學包容員工。如果他只是單純為了自己的成功而工作，就不會有這麼多人記得他的名字了。這就是我們應該重視他人而非自己的原因。

人是珍貴的，引領你走向成功的召喚財富思維的最後一個訣竅就是珍惜人。雖然我曾領導許多公司或組織，但是並不是成為管理者就會理所當然被所有人視為真正的領導者。即使取得再大的成果，如果不回饋成員，並且在過程中將人排除在外，無異於空殼。

我把這本書的最後訣竅定為貢獻也是出於這個原因，這個世界不是不同客體的集合，而是由一個有機體構成的。正如我們不認為身體的各部位因為名字和形狀的不同而分離一樣，這個世界也是如此，我們只是名字和長相不同的個體，但是都在各自的位置上完成使命。我花了很長的時間才意識到這一點。

就像左肩不舒服時我們會用右手按摩，頭痛時我們會用雙手支撐頭部一樣，世界上的所有個體都能成為彼此的力量和安慰，所以我認為貢獻很重要。想成為富翁不是一個人可以辦到的事。

因此，請回想你曾經歷過的艱難生活，多做貢獻並給予他人力量吧！扶起跌倒的人，幫助飢餓的人，如果我們能用

自己擁有的良善影響力拯救他人，那麼沒有比這更完美的人生了。比任何人都貧窮且不起眼的我都做到了，你也能做到。

「能做出貢獻的人就是召喚財富思維者！」

請銘記我給你的最後訣竅，

並成為召喚財富思維者吧！

Smile 191

召喚財富的思維 Wealthinking

從韓國的貧窮女工到跨國企業總裁，從負債10億到創收6,000億韓幣年銷售額，
崔凱莉 (Kelly Choi) 財富秘法大公開！

作者：崔凱莉（Kelly Choi）
翻　譯：陳宜慧

執行編輯：趙曼孜
封面設計：簡廷昇
內頁排版：薛美惠

法律顧問：董安丹律師、顧慕堯律師
出版者：大塊文化出版股份有限公司
105022 台北市南京東路四段 25 號 11 樓
www.locuspublishing.com

讀者服務專線：0800-006689
TEL：(02) 87123898　　FAX：(02) 87123897
郵撥帳號：18955675　　戶名：大塊文化出版股份有限公司

總經銷：大和書報圖書股份有限公司
地址：新北市新莊區五工五路 2 號
TEL：(02) 89902588（代表號）　　FAX：(02) 22901658
製版：中原造像股份有限公司
初版一刷：2022 年 12 月
定價：新台幣 380 元
ISBN 978-626-7206-44-7
Printed in Taiwan

國家圖書館出版品預行編目(CIP)資料

召喚財富的思維Wealthinking：從韓國的貧窮女工到跨國企業
總裁，從負債10億到創收6,000億韓幣年銷售額，崔凱莉
(Kelly Choi)財富秘法大公開！/Kelly Choi著；陳宜慧譯.
-- 初版. -- 臺北市: 大塊文化出版股份有限公司, 2022.12

面；14.8 × 20公分（smile 191）

ISBN 978-626-7206-44-7(平裝)

1.CST: 金錢心理學 2.CST: 成功法

561.014   111017989

LOCUS

LOCUS

LOCUS

LOCUS